邵朝友 韩文杰 胡晓敏 著

# 形成性评价共同体行动
—— 指向学科核心素养的落实

华东师范大学出版社
·上海·

图书在版编目(CIP)数据

形成性评价共同体行动:指向学科核心素养的落实/邵朝友,韩文杰,胡晓敏著. —上海:华东师范大学出版社,2021
ISBN 978-7-5760-1976-6

Ⅰ.①形… Ⅱ.①邵…②韩…③胡… Ⅲ.①高等学校-教学评估-研究-中国 Ⅳ.①G649.21

中国版本图书馆 CIP 数据核字(2021)第 150269 号

# 形成性评价共同体行动——指向学科核心素养的落实

| | |
|---|---|
| 著　　者 | 邵朝友　韩文杰　胡晓敏 |
| 责任编辑 | 张艺捷 |
| 特约审读 | 潘家琳 |
| 责任校对 | 黄　燕　时东明 |
| 装帧设计 | 高　山 |

出版发行　华东师范大学出版社
社　　址　上海市中山北路 3663 号　邮编 200062
网　　址　www.ecnupress.com.cn
电　　话　021-60821666　行政传真 021-62572105
客服电话　021-62865537　门市(邮购)电话 021-62869887
地　　址　上海市中山北路 3663 号华东师范大学校内先锋路口
网　　店　http://hdsdcbs.tmall.com

印　刷　者　上海锦佳印刷有限公司
开　　本　787 毫米×1092 毫米 1/16
印　　张　11.25
字　　数　186 千字
版　　次　2022 年 2 月第 1 版
印　　次　2024 年 3 月第 3 次
书　　号　ISBN 978-7-5760-1976-6
定　　价　36.00 元

出 版 人　王　焰

(如发现本版图书有印订质量问题,请寄回本社客服中心调换或电话 021-62865537 联系)

# 目 录

前言 _001

第一章　学科核心素养呼唤形成性评价共同体 _001
　　第一节　形成性评价的意涵 _002
　　第二节　学科核心素养及其对形成性评价的挑战 _007
　　第三节　走向形成性评价共同体行动 _016

第二章　共同形成性评价的基本内涵 _017
　　第一节　背景与历程 _018
　　第二节　定位与价值 _021
　　第三节　学校的应然回应 _025

第三章　剖析共同形成性评价的运行机制 _027
　　第一节　共同形成性评价亟需深度解释 _028
　　第二节　活动理论的视角 _030
　　第三节　学习型组织理论的视角 _038

第四章　共同形成性评价的行动框架 _045
　　第一节　团队组建 _046
　　第二节　程序设计 _049
　　第三节　技术攻坚 _060

第五章　共同形成性评价的案例研究 _077
  第一节　案例设计 _078
  第二节　实施过程 _079
  第三节　整体反思 _113

第六章　创设勇于改进的学校文化 _119
  第一节　启动内部的变革 _120
  第二节　联合外部的变革 _124

附录 A：我国普通高中各门学科核心素养 _131

附录 B：单元"多位数乘一位数"共同形成性评价的开发成果 _142

附录 C：共同形成性评价常见实施工具集萃 _155

# 前　言

## 书写缘由

评价是课程的重要组成,形成性评价对于学生学习具有重大作用。共同形成性评价则是形成性评价的最高发展水平,意指同学科同年级教师组成团队合作研制试卷、分析数据和反馈教学,以图实现标准—教学—评价的一致性,进而落实课程标准。[①] 鉴于形成性评价对于教学改进和学业成就提升的重大作用,[②]全球越来越多的国家与地区开始认识到共同形成性评价的巨大价值。在评价从"对学习的评价"走向"促进学习的评价"的背景下,共同形成性评价将成为未来国际教育研究热点和教育改革重点。当前我国教育改革正处于攻坚阶段,新一轮素养导向的课程标准更需要教师实施优质课堂评价,而共同形成性评价能为我国课堂评价实践提供一种合宜的抓手,符合我国教育政策发展战略。因此,无论从评价领域发展还是从本土课程改革需求来看,极有必要未雨绸缪地研究共同形成性评价,探讨其理论与实践图景。

## 书稿内容

当前我国已进入核心素养教育时代,要更好地落实核心素养、学科核心素养,共同形成性评价是一种可行的路径。然而,一线教师对于共同形成性评价知之甚少,亟待提升理论认识与实践能力。为此,本书共设有六章,相关内容分述如下。

---

① Ainsworth, L. Common formative assessments 2.0: How Teacher Teams Intentionally Align Standards, Instruction, and Assessment [M]. Thousand Oaks, CA: Corwin Press, 2015.

② Black, P. & Wiliam, D. Inside the black box: Raising standards through classroom assessment [J]. Phi Delta Kappan, 1998,9(1): 139-148.

第一章论述形成性评价的意涵，接着提出了一个基本问题，即如何回应学科核心素养对形成性评价的挑战。这是个根本性问题，它统领了全书。进而，为回应这个挑战，本书提出以共同形成性评价作为可能路径。

第二章直接探讨共同形成性评价的基本内涵。这主要由三部分内容构成。在背景与历程部分，探讨了基于课程标准的大背景中，共同形成性评价由1.0阶段走向2.0阶段，以及由本书所推进的3.0阶段。在定位与价值部分，从"共同"与"形成性评价"定位了共同形成性评价，指出它的实质是以专业学习共同体实施的一种形成性评价，对于落实课程标准、促进教师专业发展具有重大意义。在学校的应然回应部分，本书指出了共同形成性评价对于学校意味着什么，或者说它对学校提出了什么新的诉求。

第三章主要是剖析共同形成性评价的运行机制。共同形成性评价还缺乏深度解释，为此本章从活动理论视角和学习型组织理论视角进行解释。无论哪种视角，实质都涉及了群体学习所需要的环境，从中可以看出学习共同体、文化与组织机构、知识运行等构成了共同形成性评价的解释基础。

第四章则聚焦于共同形成性评价的行动框架。本章先论述了团队组建，以建立评价共同体。接着着眼实施程序，基于已有研究建构了一个本土化实施程序。然后探讨了五种关键技术，分别是解读课程标准、开展逆向单元设计、组织听评课活动、实施评分工作、处理评价结果。这些团队组建、实施程序与关键技术使得共同形成性评价在实践层面的实现成为可能。

第五章开展了共同形成性评价的案例研究，包含了案例设计、实施过程和整体反思三个方面的内容。本章以单元"多位数乘一位数"为载体，实践了之前章节所涉及的思想、框架与技术。从过程与结果看，共同形成性评价确实有助于落实课程标准，有助于促进教师与学生发展，并助力推进我国深度课程改革。

第六章讨论了学校改进文化的创设。这本是共同形成性评价的应有之义，形成性评价就是要改进教师教学与学生学习的问题。这种文化建设需要学校领导者进行引领，开展启动内部的变革与联合外部的变革，其实质是利用各种关系与资源开展持续改进行动。

附录部分收录了我国普通高中各门学科核心素养、单元"多位数乘一位数"共同形成性所开发附件、共同形成性评价常见实施工具。限于篇幅，并没有放入案例开发涉及的旧单元教学方案、前测评分指南与分析、两次课堂评课内容、后测的评分指南,以及所有班级与个别班级的分析。如有读者需要这些数据,我们愿意提供相关资料。

## 阅读建议

上述内容不仅涉及理论,也涉及实践,其实恰恰反映了共同形成性评价集理论与实践于一身。这在原则上就要求读者要同时关注两者。具体阅读时,读者未必如本书呈现的次序进行,完全可以根据自己的需要做出选择。例如,可在阅读第一、二章后,马上阅读第五章,然后阅读第三、四、六章。在学校层面,这些内容要求教师进行独立思考,也可以采取集体研修。研修方式由教研组长组织教研组集体讨论为主,也可以聘请专家指导,讨论时可灵活地开展传统的现场讨论或利用微信/QQ等平台进行网络交流,其具体操作可视实际情况而定。

本书系全国教育科学"十三五"规划国家一般课题"共同形成性评价的理论与技术研究"(BHA190153)成果。在书写过程,我们收到诸多帮助,华东师范大学出版社的张艺捷女士为本书的校稿工作付出了大量时间与精力,温州大学人文社科处提供了很大支持与帮助,杭二中白马湖学校刘静园主任也非常尽心地支持相关案例研发,研究生杨宇凡参与了书稿校对工作。在此,一并表示由衷的感谢!

邵朝友、韩文杰、胡晓敏

2021.07.17

温州大学教育学院

# 第一章

学科核心素养呼唤形成性评价共同体

学科核心素养是当前课程教学的热词,被视为学科教学的指向,作为课程教学的关键组成,形成性评价试图发挥评价促进学习的功能。那么,形成性评价能为学科核心素养的落实提供怎样的帮助呢?又面临着哪些现实挑战?为回应这些挑战,形成性评价需要往何处发展?本章将围绕这些问题展开探讨。

## 第一节　形成性评价的意涵

### 一、形成性评价:为何,是何

在评价领域,如果按照评价目的来划分,评价大致可分为总结性评价(summary assessment)与形成性评价(formative assessment)。前者重在考察结果,通过最终所获得的分数或等级来筛选学生,后者重在考察过程,通过所获得的学习过程信息来发现学生学习的问题进而加以改进。形成性评价有着丰富的内涵,关于它的理解可从发展简史角度加以大致了解,关于它的实践可从实施框架与要素角度加以具体把握。

形成性评价的正式提出可追溯至20世纪60年代,1967年斯克里文(M. Scriven)为了更好地开展课程方案评价,区分了总结性评鉴(summative evaluation)与形成性评鉴(formative evaluation)。1969、1971年,布卢姆(B. Bloom)与同事建议在学生学习评价领域借鉴这两种课程评鉴形式。但当时形成性评价受关注程度远低于总结性评价,许多人认为它对于日常学校教育没有多少实践意义。[①]

(一)为何形成性评价

在1970—1980年,不少学者开始关注形成性评价,其中1980年末的三篇文章更

---

① Popham, W. J. Transformative assessment [M]. Association for Supervision and Curriculum Development. Alexandria, Virginia, 2008: 4.

是激起人们对形成性评价的兴趣。这三篇文章分别是1987年纳特里洛(G. Natriello)[1]、1988年克鲁克斯(T. J. Crooks)[2]回顾性文章,以及1989年赛德勒(D. R. Sadler)关于形成性评价与教师专业发展关系的论述。[3]但形成性评价地位的真正奠定离不开两项研究,一是弗彻斯夫妇(L. S. Fuchs & D. Fuchs)针对特殊儿童的形成性评价的元分析[4],二是布莱克与威廉(P. Black & D. Wiliam)的形成性评价的元分析。两项研究都指出,形成性评价对儿童学业成就有显著影响。相比弗彻斯夫妇的研究,布莱克与威廉的研究更为全面,在综合了250多篇文章的基础上,得到了一个令人惊讶又激动的结论:形成性评价能极大提高学生学业成就,对学生学业成就的效值(effect sizes)高达0.4—0.7,这是目前所有教育方案对学业成就作用能达到的最高值。[5]时隔多年后威廉重新分析当今被认为能有效提高学业成就的四种因素——教师专业发展、教师学习风格、神经科学、学科内容知识,并比较它们与形成性评价对学业成就的实际影响。最终结论是,前四者要不缺乏证据,要不效值小于形成性评价。[6]毫无疑问,布莱克与威廉的发现将对他们所在的研究机构产生影响。实际上,在1989—2010年期间,英国为推进课程变革,成立了评价变革小组(Assessment Reform Group,ARG),而布莱克与威廉领导的研究团队正是ARG两个小组之一。ARG深受布莱克与威廉发现的鼓舞,认为国家课程评价应大力提倡形成性评价。只是当时并未明晰什么是形成性评价,加上为了用更简单的词语来表述形成性评价的内涵,ARG决定暂时用布莱克(H. Black)的术语"促进学习的评价"(assessment for learning)来代表形成性评价,用"对学习的评价"(assessment of learning)来代表总结

---

[1] Natriello, G. The impact of evaluation processes on students [J]. Educational Psychologist, 1987(22): 155 - 175.

[2] Crooks, T. J. The impact of classroom evaluation practices on students [J]. Review of Educational Research, 1998(58): 438 - 481.

[3] Sadler, D. R. Formative assessment: Revisiting the territory [J]. Assessment in Education: Principles, Policy, and Practice, 1998(5): 77 - 84.

[4] Fuchs, L. S., & Fuchs, D. Effects of systematic formative evaluation: A meta-analysis [J]. Exceptional Children, 1986, 53(3): 199 - 208.

[5] Black, P., & Wiliam, D. Assessment and classroom learning [J]. Assessment in Education: Principles, Policy and Practice, 1998, 5(1): 7 - 73.

[6] Wiliam, D. Embedded formative assessment [M]. US, Solution Tree Press, 2011: 27 - 33.

性评价。① 在教育政策制定者眼里,形成性评价有如此巨大的作用,意味着能提高学生的分数与成绩,将成为各国教育竞争的胜负手。因此,除英国外,其他国家与学者也纷纷关注形成性评价。以美国为例,早在1992年,詹姆斯(M. James)在课程发展与管理协会(Association for Superision and Curriculum Development, ASCD)年会上就引介1986年布莱克(H. Black)所提出的"促进学习的评价"。2005年,斯蒂金斯(R. Stiggins)大力普及"促进学习的评价"思想。②

（二）何谓形成性评价

关于形成性评价的界定,波帕姆(W. J. Popham)认为,如果去问不同的人可能会得到不同的答案。因为形成性评价内容非常丰富,不同的人可能基于不同角度来回答。③ 有关这样的角度有很多:正式—非正式;及时反馈—延迟反馈;嵌入课程的评价—单独存在的评价;即兴—计划;个人评价—小组评价;语言形式—非语言形式;口语形式—书写形式;等级/评分—非等级/非评分;开放式反应—封闭式或限制式反应;教师发起/控制—学生发起/控制;教师与学生为执行主体—学生同伴为执行主体;定位于过程—定位于任务/结果;简要答案—扩展性答案;在教师帮助下完成任务—学生独立完成。④ 在逻辑上,事物的性质是无穷的,我们可以进一步增加其他维度,可以从更多维度来描述形成性评价。依据美国西部教育研究实验室(WestED)之意,定义形成性评价应从其目的出发,其目的是在学习过程中帮助学生学习。⑤ 威廉认为,除评

---

① Berry, R., & Adamson, B.. Assessment Reform in Education: Policy and Practice [M]. London, Springer, 2011: 16 - 17.
② 注:斯蒂金斯强调促进学习的评价与形成性评价有所区分,但贝内特(R. E. Bennett)认为,重要的是我们认定什么样的评价操作过程才是有价值的。相关文献可参见:Bennett, R. E. A critical look at the meaning and basis of formative assessment [M]. Princeton, NJ: Educational Testing Service, 2009.
③ Popham, W. J. Transformative assessment [M]. Association for Supervision and Curriculum Development. Alexandria, Virginia, 2008: 33.
④ Trumbull, E., & Lash, A. Understanding Formative Assessment: Insights from Learning Theory and Measurement Theory [EB/OL]. http://www.wested.org/online_pubs/resource1307.pdf, 2012 - 09 - 01.
⑤ Trumbull, E. & Lash, A. Understanding Formative Assessment: Insights from Learning Theory and Measurement Theory [EB/OL]. http://www.wested.org/online_pubs/resource1307.pdf, 2012 - 09 - 01.

价目的外,定义形成性评价还需要明晰它到底是一种具体评价技术还是评价过程。①例如卡尔(S. Kahl)对形成性评价的定义指向评价工具特征,他认为:形成性评价是种工具,教师应用该工具来测量学生是否掌握正在学习的具体内容与技能。而作为一种教学过程的工具,形成性评价需要明确指出学生具体的错误概念和理解。②然而自1998年以来,布莱克与威廉首次综合形成性评价研究时,就指出形成性评价是种过程,大多研究形成性评价的学者也持类似看法,认为形成性评价要与教学整合。1983年,赛德勒从学生角度提出一个看法,认为形成性评价应让学生成为更主动的学习者,使学生成为形成性评价的主体。③2008年,为解决各种纷争,波帕姆在综合各家观点的基础上,提出了一个更全面而深刻的定义,认为形成性评价是个有计划的过程,在这个过程中教师或学生使用基于评价的证据来调整他们正在进行的教与学行为。④与上述观点不同的是,他不仅提出形成性评价的目的和过程,还强调了形成性评价是基于证据的,是用于教师教学与学生学习共同改进的。本书认为形成性评价的内涵是随时代发展的,教师和学生的评价地位与权力也是变化的,很难说这种权力的比重为多少才是形成性评价。综合以上观点,大致可以看出形成性评价包括如下要义:(1)行动者主要为教师和/或学生;(2)需要开展必要行动过程:寻找、解释学习证据,确定学生学习水平、后续学习目标、到达学习目标的合适方法,并达成学习目标。

## 二、形成性评价的实施框架

经文献检索与分析,关于形成性评价的实施框架主要集中在课堂评价研究领域。这些课堂评价定位于促进学生学习,本质上是形成性评价。有研究者综合了九种形成性评价的实施框架,提出如下的实施框架⑤:

---

① Wiliam, D. Embedded formative assessment [R]. US, Solution Tree Press, 2011: 37-38.
② Kahl, S. Where in the world are formative tests? Right under your nose! [J]. Education Week, 2005, 25(4): 11.
③ Sadler, D. R. Evaluation and the improvement of academic learning [J]. Journal of Higher Education, 1983, 4(1): 60-79.
④ Popham, W. J. Transformative assessment [M]. Association for Supervision and Curriculum Development. Alexandria, Virginia, 2008: 33.
⑤ 邵朝友. 促进学习的课堂评价:理论与实践[M]. 上海:上海交通大学出版社,2015:36.

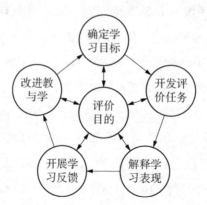

**图 1-1 形成性评价的实施框架**

其中评价目的是课堂评价的基点,应置于课堂评价的中心位置。而从实施过程来看,要实现课堂评价促进学习的评价目的,课堂评价应包括上述五个环节,各自基本内涵如下:

确定学习目标:这是开展课堂评价的实施起点,没有明确的学习目标,课堂评价就失去了指向,学习目标越是具体,课堂评价的指向性越强。

开发评价任务:要了解学生是否掌握学习目标,教师自然需要开发评价任务。这些评价任务是学习目标的测量工具,必须与学习目标保持匹配。

解释学习表现:指评价主体分析完成评价任务的表现,通过判断发现学生学习成败的原因,为开展有效的教学与学习反馈打下基础。

开展学习反馈:指评价主体把解释得到的信息提供给学生学习利益相关者,其中学生是最重要的一员。这些学生学习利益相关者得到反馈信息后,各自采取行动改进学生学习。

改进教与学:基于反馈信息,教师审查自身教学,并据此做出教学调整。同时,学生依据反馈信息,做出改进学习的行为或规划。从最终结果看,实现课堂评价促进学习的目的,势必改进教师教学与学生学习。

上述五个环节相互影响、密不可分,构成了一个整体,共同指向于促进学生学习。具体实施促进学习的课堂评价时,可以依据实际需要重点突出某个环节,或者突出某个环节下的某个要求。实际上,上述框架大多在一些相对正式的课堂评价中才会采纳,而在一些相对非正式的课堂评价中,有时只需突出某个重点环节就可以了。

在此,有三点需要强调说明。一是,"确定学习目标"环节需要紧扣"学科核心素养",二者紧密相连,下文在阐述有关技术时,将对此展开详细的论述。二是,学生需要参与课堂评价,但存在不同的参与程度。理想情况下,学生可以主体身份深度参与所有课堂评价,甚至是参与设定学习目标、共同讨论制定评价标准。本研究完全赞同这样的做法,认为这是将来形成性评价的努力方向,但平心而论,这与现有课堂评价的实施水平有着巨大差距,综合考虑笔者的时间与精力、当前课堂评价现状,在"确定学习目标"、"开发评价任务"上,本研究把实施主体限定为教师,主要从教师角度进行探讨。三是,尽管这里只是指向一般形成性评价,但该框架对于本书后续探讨的共同形成性评价在原则上也是适用的。

## 第二节　学科核心素养及其对形成性评价的挑战

### 一、理解学科核心素养

学科核心素养是指学生通过某学科的学习而逐步形成的关键能力、必备品格与价值观念,它是学科育人价值的集中体现,也是学科在落实立德树人根本任务中的独特贡献。要深入理解学科核心素养,需要明晰其逻辑起点和基本特征。

(一)学科核心素养的逻辑起点

**以学科特征为逻辑起点的合理性,在于学科核心素养对于学科独特性的考虑。** 学科是人类关于世界认识成果的一种分类,是人们对在长期发展过程中产生的知识碎片混合物经过分化、整合、重组建构起来的知识范畴和逻辑体系。按学科所在空间不同,学科可分为教学科目说和学问分支说。前者基于教学角度,侧重于知识保存和知识传播,后者基于研究角度,侧重于知识生产和知识创新。[①] 本书关于学科的理解主要根据教学科目说。

作为一个历史范畴,学科是一个发展的动态概念,知识作为学科的起点和归宿,贯

---

① 翟亚军,王站军,候丽.也谈学科——基于特征的视角[J].河北大学学报(哲学社科版),2007(5):36.

穿于学科发展的始终。这些学科知识包含了学科符号、概念、规则、方法、思想、价值观、历史传统等内容，它们内在地形成了特定学科的独特性。这种独特性实质代表了学科特征，使得一门学科有别于其他学科或者非学科的知识领域，是学科"立身保命"的立场所在。例如比较美术学科与物理学科，不难发现两门学科之间至少在研究对象和科学探究方式上具有明显不同的特征。如果进一步追问，或许还可发现物理学科更要以数学学科为基础，是一种数学化的自然科学。毫无疑问，这些学科特征是学科的"大观念"(big idea)，是课程教学中必须被学生掌握的，否则谈不上学科教育。在具体运作中，学科核心素养需要承担起体现学科特征的责任，成为编制学科课程标准的精神与纲领。

在社会发展早期，人们并无学科核心素养的概念，学科课程目标大多关注于学科知识与技能，较少关注统整性学科核心素养。例如在工业化社会初期，由于职业需求流水线式的工人，往往只需要工人具有简单重复的知识与技能。这在很大程度上要求学校课程设置以学科课程为主，学科课程目标指向于点状式学科知识与技能。在1862年，为适应当时大工业时代的发展需求，英国教育部出台了关于儿童阅读、书写、算术素养的标准，这些标准都是低阶的学习目标。[①] 历史上，受行为主义心理学的影响，人们试图尽量分解这些知识与技能，以获得原子化学习目标。随着时代变迁，许多职业向纵深发展，对各类就职人员提出了更高要求，需要他们综合所学科知识解决日益复杂的职场问题。这自然推动了学科课程目标的改变，即从零碎的学科知识技能走向更为整合的学科核心素养。这样的素养是学生扔掉书包后能带得走的，是学生即便忘记一些具体学科知识技能还能拥有的，它是关于学生对学科的最基本理解与实践应用。而从课程设计的角度看，明确学科课程目标乃首要之事，它是编制课程纲要或课程标准的重要一环。例如，著名的《美国学校数学教育的原则和标准》[②]就是以问题解决、推理与论证、交流、联接、表征等数学核心素养来编制课程标准的。

学科核心素养往往数量有限，一般包含3—8条左右，它们的落实显然不能脱离学科内容，但学科内容所包含的学科符号、概念、规则、方法、思想、价值观、历史传统等内

---

[①] Aldrich, R. Lessons from history of education [M]. Routledge, London and New York, 2006：149.
[②] 全美数学教师理事会.美国学校数学教育的原则和标准[M].北京：人民教育出版社,2004：10.

容为学科核心素养提供原料,为落实学科核心素养提供载体。具体至学科课程设计时,人们站在学科内部思考如何确定学科核心素养的逻辑起点。这种思考立足于学科立场,依据学科内容提炼学科的育人价值,归纳出学科核心素养。最常见的运作是直接从学科特点出发,通过组织学科专家研讨、学科研究、经验验证得出。例如,美国国家教育进展评估(NAEP)在制订科学素养时,就基于现有的科学内容标准,结合国际科学研究最新发展成果,认为科学的育人价值在于促进学生获得识别科学原理、运用科学原理、应用科学探究、使用技术设计这四项科学核心素养。① 我国目前一些新修订的高中课程标准也体现出这种学科核心素养提炼于学科特征的思想,如《高中物理课程标准(2017年版)》指出,高中物理课程注重体现物理学科的本质,从物理观念、科学思维、科学探究、科学态度与责任等方面提炼学科育人价值……② 这种通过抽象概括来获得学科核心素养的做法也受到一些研究者的认同,如唐群和林陪英在建构高中地理核心素养时,认为"在提取和归纳核心概念时,采用分层的方法,先对每个版本的标准或大纲的相关内容进行课程改革分析、归纳,再将12个版本提取出的内容进行比较,获得共性较大的一些词语用于推断地理核心素养的内容。"③

**以核心素养为逻辑起点的合理性,在于学科核心素养服务于培养一个整体的人。**学科特征为学科核心素养提供逻辑起点,这主要坐落于学科领域。由此产生了一个问题,不同学科之间如何进行协调? 如果对此不加以考虑,很可能造成各个学科各自为政,就谈不上培养整体的人。1949年,泰勒(R. Tyler)就提出一个与此密切相关的问题——应该问问他们学科专家,为了教育那些不会成为你这个领域专家的年轻人,你这门学科将做何贡献? 对外行、普通公民而言,你这门学科将做何贡献?④ 在素养导向的背景中,尤其是从教育整体培养目标角度看,要培养学生,学科之间需要协调,学科之间需要统整。也就是说,学科核心素养还需要考虑从培养一个完整的人的角度来确定,这实质涉及教育目标。

---

① National Assessment Governing Board(NAGB). Science Framework for the 2011 National Assessment of Educational Progress [M]. Washington, D. C., 2010:62.
② 中华人民共和国教育部.普通高中物理课程标准(2017年版)[M].北京:人民教育出版社,2017:2.
③ 唐群,林陪英.从历史文献看课程设计者对高中地理核心素养的认识[J].中学地理教学参考,2015(13).
④ [美]拉尔夫·泰勒.课程与教学的基本原理[M].北京:中国轻工业出版社.2014:27.

这样的教育目标是对追问教育应培养什么样的人的回答,它比教育目的更为具体,集中描述了所欲培养的学生之形象。面对急剧变化的时代,当今教育发达国家大多深刻体会到,为了社会与个体的健全发展,每个个体必须达到共同的关键素养。这种共同的关键素养是共同要求,是个体不可或缺的关键、必要、重要的素养。从近年国际研制教育标准的动态看,在经合组织、欧盟、联合国教科文组织的推动下,教育发达国家或地区如美国、英国、新西兰、澳大利亚、苏格兰、加拿大魁北克地区、中国台湾地区的教育标准往往从核心素养出发,并以此统摄各门学科课程标准的开发。在一定程度上,核心素养的存在预设了一个最基本的假设——欧几里得公理法,即由基本公式演绎出大量定理。换句话说,我们可由核心素养推导出各门学科的课程目标。在这个意义上来说,从核心素养出发确定学科核心素养是另一逻辑起点。总体上,这种逻辑起点实质就是尽量把核心素养具体化为学科核心素养,而学科核心素养则可用来进一步研制学科课程标准。当然,就实际情况看,这种核心素养与学科核心素养的关联力度是有强弱之分的。如我国台湾地区就非常强烈地要求各门学科核心素养要以相关核心素养为逻辑起点。而相关研究表明,即便是教育发达的欧盟,一些成员国通过学科或领域组织课程,但这些学科或领域的核心素养并不十分明确,有时以接近核心素养内涵的目标、主题等原则性地加以要求[①]。

从我国普通高中各门学科课程标准研制情况看,学科核心素养更多的是从学科特征出发,但也考虑中国学生发展核心素养的作用,在课程标准中两者都提及。表1-1节选了我国数学学科核心素养及其内涵[②]:

表1-1 我国学科核心素养例举

| 相关条目 | 具 体 表 述 |
| --- | --- |
| 数学抽象 | 数学抽象是指通过对数量关系与空间形式的抽象,得到数学研究对象的素养。主要包括:从数量与数量关系、图形与图形关系中抽象出数学概念及概念之间的关系,从事物的具体背景中抽象出一般规律和结构,并用数学语言予以表征。 |

---

① Gordon, J., Halász, G., Krawczyk, M., et al. Key Competences in Europe: Opening Doors for Lifelong Learners Across the School Curriculum and Teacher Education [J]. Case Network Reports, 2009(87).
② 中华人民共和国教育部.普通高中课程标准(2017版)[M].北京:人民教育出版社,2018:4-7.

续表

| 核心素养 | 具 体 表 述 |
|---|---|
| 数学抽象 | 　　数学抽象是数学的基本思想,是形成理性思维的重要基础,反映了数学的本质特征,贯穿在数学产生、发展、应用的过程中。数学抽象使得数学成为高度概括、表达准确、结论一般、有序多级的系统。<br>　　数学抽象主要表现为:获得数学概念和规则,提出数学命题和模型,形成数学方法与思想,认识数学结构与体系。<br>　　通过高中数学课程的学习,学生能在情境中抽象出数学概念、命题、方法和体系,积累从具体到抽象的活动经验,养成在日常生活和实践中一般性思考问题的习惯,把握事物的本质,以简驭繁;运用数学抽象的思维方式思考并解决问题。 |
| 逻辑推理 | 　　逻辑推理是指从一些事实和命题出发,依据规则推出其他命题的素养。主要包括两类:一类是从特殊到一般的推理,推理形式主要有归纳、类比;一类是从一般到特殊的推理,推理形式主要有演绎。<br>　　逻辑推理是得到数学结论、构建数学体系的重要方式,是数学严谨性的基本保证,是人们在数学活动中进行交流的基本思维品质。<br>　　逻辑推理主要表现为:掌握推理基本形式和规则,发现问题和提出命题,探索和表述论证过程,理解命题体系,有逻辑地表达与交流。<br>　　通过高中数学课程的学习,学生能掌握逻辑推理的基本形式,学会有逻辑地思考问题;能够在比较复杂的情境中把握事物之间的关联,把握事物发展的脉络;形成重论据、有条理、合乎逻辑的思维品质和理性精神,增强交流能力。 |
| 数学建模 | 　　数学建模是对现实问题进行数学抽象,用数学语言表达问题、用数学方法构建模型解决问题的素养。数学建模过程主要包括:在实际情境中从数学的视角发现问题、提出问题,分析问题、建立模型、确定参数、计算求解,检验结果、改进模型,最终解决实际问题。<br>　　数学模型搭建了数学与外部世界联系的桥梁,是数学应用的重要形式。数学建模是应用数学解决实际问题的基本手段,也是推动数学发展的动力。<br>　　数学建模主要表现为:发现和提出问题,建立和求解模型,检验和完善模型,分析和解决问题。<br>　　通过高中数学课程的学习,学生能有意识地用数学语言表达现实世界,发现和提出问题,感悟数学与现实之间的关联;学会用数学模型解决实际问题,积累数学实践的经验;认识数学模型在科学、社会、工程技术诸多领域的作用,提升实践能力,增强创新意识和科学精神。 |
| 直观想象 | 　　直观想象是指借助几何直观和空间想象感知事物的形态与变化,利用空间形式特别是图形,理解和解决数学问题的素养。主要包括:借助空间形式认识事物的位置关系、形态变化与运动规律;利用图形描述、分析数学问题;建立形与数的联系,构建数学问题的直观模型,探索解决问题的思路。<br>　　直观想象是发现和提出问题、分析和解决问题的重要手段,是探索和形成论证思路、进行数学推理、构建抽象结构的思维基础。 |

续表

| 核心素养 | 具 体 表 述 |
| --- | --- |
|  | 直观想象主要表现为：建立形与数的联系，利用几何图形描述问题，借助几何直观理解问题，运用空间想象认识事物。<br>通过高中数学课程的学习，学生能提升数形结合的能力，发展几何直观和空间想象能力；增强运用几何直观和空间想象思考问题的意识；形成数学直观，在具体的情境中感悟事物的本质。 |
| 数学运算 | 数学运算是指在明晰运算对象的基础上，依据运算法则解决数学问题的素养。主要包括：理解运算对象，掌握运算法则，探究运算思路，选择运算方法，设计运算程序，求得运算结果等。<br>数学运算是解决数学问题的基本手段。数学运算是演绎推理，是计算机解决问题的基础。<br>数学运算主要表现为：理解运算对象，掌握运算法则，探究运算思路，求得运算结果。<br>通过高中数学课程的学习，学生能进一步发展数学运算能力；有效借助运算方法解决实际问题；通过运算促进数学思维发展，形成规范化思考问题的品质，养成一丝不苟、严谨求实的科学精神。 |
| 数据分析 | 数据分析是指针对研究对象获取数据，运用数学方法对数据进行整理、分析和推断，形成关于研究对象知识的素养。数据分析过程主要包括：收集数据，整理数据，提取信息，构建模型，进行推断，获得结论。<br>数据分析是研究随机现象的重要数学技术，是大数据时代数学应用的主要方法，也是"互联网＋"相关领域的主要数学方法，数据分析已经深入到科学、技术、工程和现代社会生活的各个方面。<br>数据分析主要表现为：收集和整理数据，理解和处理数据，获得和解释结论，概括和形成知识。<br>通过高中数学课程的学习，学生能提升获取有价值信息并进行定量分析的意识和能力；适应数字化学习的需要，增强基于数据表达现实问题的意识，形成通过数据认识事物的思维品质，积累依托数据探索事物本质、关联和规律的活动经验。 |

（二）学科核心素养的基本内涵

学科核心素养立足于学科，是学科教学的目标，本书认为：

第一，学科核心素养是核心素养的构成。学校任务是培养学生素养，但核心素养是个"大观念"，总是通过各门学科教学来加以培养。没有学科素养，就很难谈得上学校教育能培养学生的素养。如果把核心素养作为泛化的一般程序性知识，那么学科核心素养大致可对应于特定领域的程序性知识。有研究表明，人是否已经具备特定领域的相应知识,对能否成功地使用一般问题解决策略和一般推理规则起关键作用。① 即便把核心素养分解,单独罗列出陈述性知识,要获得这些知识,需要学习各门学科的陈述性知识。当然,核心素养高通常能更好地促进学科核心素养的养成,如学生具备一般阅读素养将有助于学生学习其他学科。

第二,学科核心素养是一种有机结构。学科核心素养并不神秘,如果分析其构成,总离不开学科知识、技能、情意等因素,以及它们之间的关系。当然,这样分析是静态的,如果从动态角度来看,随着学习的发生,学生将不断改进学科知识结构,不断提高解决学科问题的素养。或者说,随着时间和学习的延续,学科核心素养具有不同的发展水平。在某种程度上,这种动态性学习发展规律是学科核心素养的精髓。

第三,学科核心素养是可教可学的。学科核心素养具有结构,意味着教学具有指向性,在教学中能得到具体落实。在各学科教学实践中,已形成的学科核心素养有助于学生对各学科的学习,并为顺利地进行学科学习提供符合知识运用和操作技能要求的程序、步骤、环节、策略和方法。简言之,学科核心素养可通过有效教学而被学生习得。

第四,学科核心素养被习得后表现出稳定特征。学科核心素养既要解决知与不知的问题,又要面对会与不会的问题。一旦拥有学科核心素养,学生就能表现出在不同情境下解决问题的行动本领,即发生了学习迁移。无疑,在一定时间内如果个体能在不同情境下解决问题,那么学科核心素养是稳定的。

第五,学科核心素养是学科目标的指向。学科目标从关注知识、技能转向关注学科核心素养后,学科核心素养成为学科目标的重心。以数学学科为例,台湾地区2012年课程统整计划中提出高中数学学科目标为"培育具备独立以数学思考问题、分析问题和解决问题的素养",进而确定出六项数学素养指标,其中三项为"具备演算、抽象化、推理、连结、解题、沟通等数学素养"、"运用数学符号进行逻辑思考与分析"、"利用数学运算解决问题"。② 与台湾地区不同的是,其他一些国家地区的数学学科素养概

---

① 吴庆麟.认知心理学[M].上海:上海科技出版社,2000:206.
② 台湾教育研究院.K-12各教育阶段核心素养与各领域课程统整研究总计划书期末报告[R].台北:台湾教育研究院,2012.

括性比较强,如新加坡在 2007 年的中小学数学教学大纲中提出思考技能、数学推理、交流与联系等过程性技能;2010 年,美国共同核心州立标准将数学课程目标分为八大方面,即理解并解决问题、推理、论证并评价他人的推理、数学建模、使用合适的工具、精确化、探求并利用数学结构、探求规律。① 上述数学课程目标显示了课程标准编制者的一个基本思考:学生学习数学课程后,能获得哪些重要而关键的素养。这些学科核心素养凸显每门学科特点,概括了学科的本质特征。

第六,学科核心素养整合了传统上比较注重的一些素养。还是以数学学科为例,传统上比较注重记忆力、数学直觉、创造力、反思素养等,它们虽然较少出现在数学课程标准中,但由于素养本身是整合的,这些素养已经部分或全部隐藏在学科素养之中。② 实际上,这些传统素养是学科核心素养的重要构成。

第七,学科核心素养之间是相互依赖的。学科核心素养之间并非相互独立,在解决具体问题时需要综合运用各种学科素养。如 2001 年,美国国家研究理事会(National Research Council,NRC)提出五大数学学科素养:概念性理解(conceptual understanding)、策略性素养(strategic competence)、适应性推理(adaptive reasoning)、过程流畅性(procedural fluency)、创造性倾向(productive disposition),并且指出这些学科素养呈现如下相互交织状态(图 1-2)。③

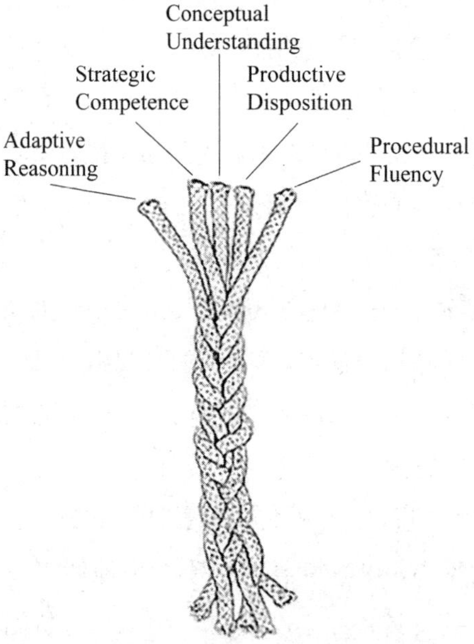

**图 1-2　NRC 五种数学核心素养的关系**

---

① 杨向东,黄小瑞主编.教育改革时代的学业测量与评价[M].上海:华东师范大学出版社,2013:53-54.
② 杨向东,黄小瑞主编.教育改革时代的学业测量与评价[M].上海:华东师范大学出版社,2013:55.
③ National Research Council. Adding it up: Helping children learn mathematics (Mathematics Learning Study Committee, Center for Education, Division of Behavioral and Social Sciences and Education) [M]. Washington, D. C.: National Academy Press, 2001:117.

## 二、学科核心素养对形成性评价的挑战

相比一般学习目标,学科核心素养更为概括与抽象,作为学校评价主体,开展指向学科核心素养的形成性评价时,教师将面临更多挑战。这包括如下几个方面:

**第一,要求教师深度把握学科核心素养。** 当教师开展指向学科核心素养的形成性评价,自然需要他们先把握学科核心素养,否则目标开始就错了,结果势必会错。把握学科核心素养至少需要教师明晰学科核心素养的价值、内涵,尤其需要明晰学科核心素养与核心素养、课程标准条目、学年或学期学习目标、单元或课时目标之间的关系。

**第二,要求教师转变教学设计理念,从课时设计走向单元设计。** 形成性评价并非局限于评价,还与教学息息相关。但一直以来,许多教师习惯于一节课一节课地备课,并不擅长进行整体规划,并不拥有"先有树木才有森林"的认知图式。学科核心素养是复杂的学习结果,需要经历阶段性学习才能被学生习得。这种阶段性学习通常以单元或学期为单位进行,而不是以课时为单位进行。在这其中,单元是学校课堂教学活动的基本单位。它一方面上接学期课程纲要,下接课时教案,是教学方案设计与实施的中坚力量。它不仅为落实课程纲要提供基础单位,也为课时教案提供背景。另一方面,学科核心素养是种大容量的素养,本身就是需要通过单元教学方案的规划得以落实,而不是通过细碎化的、孤零零的课时教案来落实。

**第三,要求教师设计高质量评价方案。** 评价学科核心素养需要相应的评价任务,由于针对的是高阶复杂的学习目标,因此评价任务通常需要表现性评价或真实性评价来实施。从构成看,表现性评价由评价目标、表现性任务、评分规则组成,其中表现性任务和评分规则需要教师具备较高的评价知能。事实上,许多教师并不具备开发高质量评价方案的能力。此外,评价结果的分析也需要教师拥有较高的评价素养,但这也是一个被严重忽视的现实问题。

**第四,要求教师站在单元高度通过听评课深入分析自身教学。** 形成性评价是为了更好地促进学生学习,而教师教学是影响学生学习的关键因素。因此,为了发挥评价促进学习的功能,首先需要分析教师教学所存在的问题。应该说,存在多种分析教学的方法和途径,如教师自我反思与观察、学生访谈等。在这当中,听评课经常被用来分析教师教学,它融入了同行的思考与智慧,听课者和上课者组成了学习共同体。因考

虑到一节课乃至于一个单元背景之下,这种听评课需要站在单元整体角度来运行。所以同样需要超越之前以课论课的听评课行为。

## 第三节 走向形成性评价共同体行动

长期以来,教师被视为孤独的事业。许多教师喜欢单兵作战,缺乏合作的精神和知能。在评价领域,合作行动的匮乏甚为常见。不少教师喜欢独自命题,保守地隐藏自己的试卷和试题。现在须打破这种单兵作战模式,要实施高质量的形成性评价,我们势必要面对上述挑战。

或许有许多方法来回应上述挑战,例如引入并加强校外专家的指导。但这不是长久之计。学校的问题最终要由学校自身来解决。因此,为回应指向学科核心素养的形成性评价所面临的挑战,首先需要学校自身做出努力,其次才是吸取外界助力。在这方面,就本书宗旨看,完全可以从学习共同体视角来回应挑战。一旦教师之间形成学习共同体,他们将更有可能深度把握学科核心素养、开展单元设计、实施高质量评价、站在单元高度开展听评课专业活动。这样以学习共同体为单位开展的形成性评价超越了以往教师个体为主的形成性评价,它能实现知识的有效整合,发挥团队学习机制。在国外,人们把学习共同体主持的形成性评价称之为共同形成性评价,后续章节中将会展示其各个方面的内涵。

从我国情况看,自新中国成立以来,评价一直在教育政策中占据重要位置,第八轮课程改革所提出的发展性评价理念更是明确地指出了评价之于课程教学的重要价值。课堂是课程评价的主阵地,促进学习的课堂评价或者说形成性评价是课程评价的主力军。在我国深化课程改革与凸显"立德树人"的背景下,我们需要改变应试教育的局面,走向卓越的课堂教学,我们迫切需要实施优质的形成性评价。这何以可能?一种办法是教师个体开展形成性评价,另一种办法是教师集体合作开展共同形成性评价。从现实情况看,共同形成性评价能较好地解决我国教师个体评价素养不足的问题,能促进教师开展以单元为单位的教学设计,破除我国教师长期以来设计单课教案的习惯,更好地落实中国学生发展核心素养与学科核心素养。因此,共同形成性评价对于本土教育具有重大的现实价值与意义。

# 第二章

## 共同形成性评价的基本内涵

第一章指出,学科核心素养对形成性评价提出了巨大挑战,而共同形成性评价是回应这种挑战的可能路径。为了更好地开展共同形成性评价,极有必要清晰共同形成性评价的内涵。本章将就此三个问题进行回答,即共同形成性评价有着怎样的产生背景与发展历程、怎样明确其定位和价值、它对于学校又意味着什么。

## 第一节 背景与历程

### 一、产生背景

伴随着人们对评价认识的加深,如何发挥评价促进学习的功能已成为当前教育评价理论与实践的重大课题。在此起彼伏的相关运动中,共同形成性评价越来越受到重视,美国许多州和地区纷纷开展共同形成性评价(Common Formative Assessments, CFA),学校和教师把共同形成性评价作为促进教师专业发展、提升学生学业成就的重大抓手。

共同形成性评价的兴起有着广泛的背景,与基于课程标准的教育问责直接关联。一直以来,学生学业成就被视为国家教育竞争力的关键所在,为此极有必要设置学生学业成就的要求。课程标准就是这种要求的体现,落实课程标准被视为提升教育质量的重要途径。因此,为了促进教育质量提升,开展基于课程标准的问责成为学校管理的重大举措。为了提升教育竞争力,基于课程标准的问责力度不断加大,2001年出台的《不让一个孩子掉队法》(*No Child Left Behind*)更是规定了未能基于标准的评价中达到预定效果的州内学校所面临的后果。在这样的问责压力下,广大中小学纷纷寻找适切方式来提升教育质量。显然,这些方式首先要能确保、促进课程标准的落实,教学、评价自然需要与课程标准紧密关联。而共同形成性评价被认为能够联结标准、教学、评价,使得它们之间具有一致性(alignment),极大促进学生学业成就的提升。这种观点的内在依据在于两大方面:一方面,在课堂上恰当地运用形成性评价将帮助学生更好地习得所教的内容①,在目前已有的教育干预措施中形成性评价引发的学习成效最为显著②。因此,要提升教育质量,可向所有教师提供发展形成性评价素养的机会,鼓励每位教师实施形成性评价,尤其是鼓励教师抱团取暖,合作开展形成性评价,即实施共同形成性评价。另一方面,专业学习共同体(Professional Learning Community,PLC)③概念得到广泛认可,其实现需要具体的运作方式。作为教师专业发展的新方式,专业学习共同体提倡合作与分享,强调学校实际问题与改进,重视内部专业知识和教师参与。共同形成性评价符合专业学习共同体的内涵,有助于实现专业学习共同体的目标与愿景。有研究指出,支持教师采纳与使用形成性评价的最佳途径是建设专业学习共同体来开展形成性评价。④ 事实上,2010年美国颁布共同核心州课程标准(Common Core State Standards,CCSS)后,有关落实课程标准的要求进一步推动了共同形成性评价的发展与实施。

## 二、发展历程

如果以实施程序为参照,共同形成性评价的发展总体上经历了三个阶段。有关这方面的论述详见第四章相关内容。

在CFA1.0阶段,共同形成性评价被定位为评价,关注重心在于教师团队如何一起研制单元或学期的试卷、共同评分、共同分析考试结果,至于如何联结单元或学期教学设计、如何运用评价结果于教学只是一笔略过。在CFA2.0阶段,共同形成性评价开始从评价为主的立场转向评价与教学整合的立场,体现了从课程高度来审视共同形成性评价。两个阶段的重大区别集中反映在实施程序上,CFA2.0阶段的程序⑤为:

---

① Black, P., & Wiliam, D. Inside the black box: Raising standards through classroom assessment [J]. Phi Delta Kappan, 1998, 9(1): 139 – 149.
② Black, P., & Wiliam, D. Assessment and classroom learning [J]. Assessment in Education, 1998, 5(1): 61.
③ Hord, S. M. Professional learning communities: Communities of continuous inquiry and improvement [J]. Southwest Educational Development Laboratory, 1997: 71.
④ Wiliam, D. Changing classroom practice [J]. Educational Leadership, 2007, 65(4): 36.
⑤ Ainsworth, L., & Viegut, D. Common formative assessments 2.0: How Teacher Teams Intentionally Align Standards, Instruction, and Assessment [M]. Thousand Oaks, CA: Corwin Press, 2015: 43 – 202.

(1)选择单元所需课程标准;(2)解读课程标准;(3)确定大观念及其主要问题;(4)<u>撰写单元学习目标以作为学习成功标准</u>;(5)研发单元后测试卷;(6)开发相应评分指南;(7)创设单元前测试卷及其评分指南;(8)完善所有试卷与评分指南;(9)<u>制定学习进程与教学系列</u>;(10)<u>依据学习进程核查单元教学设计</u>,CFA1.0阶段程序则少了带有下划线的四个步骤。显然 CFA2.0阶段更为全面综合,那四个步骤更是凸显评价与教学的立场。例如,确定制定学习进程(learning progressions)就是一种便于实施形成性评价、也便于开展教学设计的学习目标系列。然而,教学与评价的整合力度还较为欠缺,至少该程序未曾向我们展示更多的关于如何利用评价结果来改进教与学。作为形成性评价的一种,共同形成性评价同样需要服务于教与学改进,且以此为最终目的,否则它与总结性评价无甚差别,也就失去了存在的基本意义。诚然,作为 CFA2.0 的集中体现,《共同形成性评价2.0》一书也提及了结合单元测试数据分析结果来调整教与学,但纵观全书并无相应后续文字说明,亦无本书所有的案例展现。因此,加深共同形成性评价与教学的整合势必成为后续研究的关注点。

  这种评价立场的改变需要行动跟进,而行动跟进需要相应的程序与技术支持。一直以来,我们对实践所需的程序与技术关注不够,但教学改革的运行离不开这些。即便是CFA1.0,所涉及的技术就有课程标准的解读、大观念及其主要问题的确定、各类评价任务及其评分标准的开发。除了这些技术,CFA2.0所涉及的技术还包括前测与后测的学情分析、学习进程的制定、单元设计。如果教师不理解、不能应用这些技术,那么就谈不上如何开展CFA2.0。实际上,为加强CFA2.0的教学与评价的整合力度,还需要建构新的程序及相应的新技术。例如,通过前测发现单元教学存在的学习难点,很有可能需要进行听评课活动,而这就关涉课堂观察[①]或课例研究[②]。可以说,程序与技术乃共同形成性评价的攻坚利器。然而当前共同形成性评价研究对此缺乏应有的关注,深度开展共同形成性评价还缺乏坚实的基础。这就是第三章提出的CFA3.0阶段。

---

[①] 崔允漷.论课堂观察LICC范式:一种专业的听评课[J].教育研究,2012,33(5):79-83.
[②] [日]佐藤学.学校的挑战:创建学习共同体[M].钟启泉译.上海:华东师范大学出版社,2010.

## 第二节 定位与价值

共同形成性评价由共同(Common)和形成性评价(Formative Assessment)构成,这两个方面为理解共同形成性评价提供了指引,也赋予了共同形成性评价的价值。

### 一、定位

顾名思义,共同形成性评价是一种集体合作的评价,在单元教学过程由两名或两名以上的教师创建,合作评分,用于向教育者提供即时反馈。[1] 这种评价要求同学科同年级的教师组成团队合作研制试卷、分析数据、反馈教学以图实现标准-教学-评价的一致性,进而落实课程标准。[2] 由此可见,共同形成性评价隶属于形成性评价,具有普通形成性评价促进学生学习的根本目的,同样需要收集学生学习信息、分析与反馈评价结果、改进教学。

在波帕姆看来,形成性评价具有如下四种不同发展水平[3]:(1)水平一:促进教师教学的调整,即教师收集学生的学习证据,据此决定是否调整当前或即将来临的教学,以便提高教学效率;(2)水平二:促进学生学习策略的调整,即学生利用自己知识技能的习得现状,对是否调整他们正在使用的学习策略做出决策;(3)水平三:促进班级文化的改变,这要求教师持续地应用形成性评价,在很大程度上把评价目的从竞争性等级评定转变为以促进学习为主,从而使得班级学习从竞争文化走向合作文化;(4)水平四:促进全校范围的实施。这主要通过教师学习共同体采纳前述一种或多种水平的形成性评价,在全校范围实施形成性评价。**从发展形态看,共同形成性评价是形成性评价的最高发展水平**,包含前述三种水平,并在学校层面开展行动,形成学校的评价和学习文化。实践中共同形成性评价的范围大至全校或学区,小至类似我国备课组的同

---

[1] Reeves, D. Accountability for learning: How teachers and school leaders can take charge [M]. Alexandria, VA: Association for Supervision and Curriculum Development, 2004: 114.
[2] Ainsworth, L., & Viegut, D. Common formative assessments: How to connect standards-based instruction and assessment [M]. Thousand Oaks, CA: Corwin Press, 2006: 2-3.
[3] Popham, W. J. Transformative assessment [M]. Alexandria, VA: Association for Supervision and Curriculum Development, 2008: 49.

一年级。它一般具有如下特点：是由年级同一专业教师共同设计的定期或中期评价；在设计上和格式上与地区和州评估相似；如对同一年级的全部或部分课程进行多次评价，学生的成绩将在教师合作团队中进行分析，以用于指导教学的计划和实施。①

相比普通形成性评价，共同形成性评价乃团队合作行为，专业学习共同体能为"共同"二字提供理念和行动指导。在学校背景下，专业学习共同体是指，为促进学生发展，教育工作者以合作方式努力不懈地进行共同探索与行动研究。② 圣吉(P. Senge)的《第五项修炼：学习组织的艺术与实践》是专业学习共同体一大思想起源。杜福尔(R. Dufour)在自我超越、改变心智模式、建立共同愿景、团队学习和系统思维共五项修炼的基础上提出专业学习共同体的五个特征，即共享任务、愿景和价值；集体探究与行动导向；协作的团队；承诺持续改进；结果取向③。他将圣吉的学习型组织概念作为专业发展的模式，在这一模式中，学校领导间接地处理教师改进问题，通过组织结构和期望，鼓励教师合作、对话和反思等行动。④ 专业学习共同体的另一领军人物霍德(S. M. Hord)也提出专业学习共同体的五个特征⑤：共享价值观和愿景；支持性和共享的领导力；集体学习和应用；支持性条件；分享个人实践。另有学者从团队合作的角度提出专业学习共同体的五个特点：共同的规范和价值观；合作；共同关注学生学习；去私有化的做法；反思对话。⑥ 总体而言，尽管存在一些差异，但多数研究者对专业学习共同体特质的描述具有很大相似性，在专注于学习、合作的文化、聚焦于结果三大理念上形成共识⑦。杜福尔等进而提出指导专业学习共同体中教师工作的

---

① Ainsworth, L., & Viegut, D. Common formative assessments: How to connect standards-based instruction and assessment [M]. Thousand Oaks, CA: Corwin Press, 2006: 23-24.
② DuFour, R., DuFour, R., Eaker, R., & Many, T. Learning by doing: A handbook for professional learning communities at work [M]. Bloomington, IN: Solution Tree, 2006: 3.
③ Dufour, R., & Eaker, R. Professional learning communities at work: Best practices for enhancing student achievement [M]. Bloomington, IN: National Educational Service, 1998: 19-46.
④ Parry, G. Improving teacher effectiveness through structured collaboration: A case study of a professional learning community [J]. Research in Middle Level Education Online, 2007, 31(1): 1-17.
⑤ Hord, S. M. Professional learning communities: Communities of continuous inquiry and improvement [J]. Southwest Educational Development Laboratory, 1997: 71.
⑥ Rectanus, C. Coaching a middle school math team [M]//C. Felux, & P. Snowdy(Eds.), The math coaching field guide. Sausalito, CA: Math Solutions Publications, 2006: 30-43.
⑦ DuFour, R., DuFour, R., Eaker, R., & Many, T. Learning by doing: A handbook for professional learning communities at work [M]. Bloomington, IN: Solution Tree, 2006: 6-7.

四个问题①:(1)我们想让学生学什么?(2)我们怎么知道学生已经学习了?(3)当一些学生不学习时,我们将如何应对?(4)当一些学生已经学会了,我们将如何回应?

当面临挑战时,专业学习共同体能让成员清晰、频繁地谈论与课程、评价和教学相关的具体细节②,聚焦于分析与研讨评价结果。在相互信任的互动中,教师质疑当前的现实,体验认知失调,建立共享的知识,发展新的能力③。在这样的团队中,每个教师都拥有一种承诺感,对其他组员的问责结果负责。④ 如此良好的合作环境创造了高效的教学,实现了教学实践的转变,从而达到最佳的学生表现和最优的学校表现。⑤ 专业学习共同体可以作为学校持续改进的一部分,将提高学校中所有工作人员的知识与技能,从而使所有学生获得高质量的教学。那么,如果把专业学习共同体的思想应用于形成性评价,开展教师合作性的形成性评价能否取得良好结果呢?许多学者相信专业学习共同体能帮助学校有效地发展和利用形成性评价。⑥ 换言之,**从合作角度看,共同形成性评价是落实专业学习共同体诉求的重要途径**。因此,为了促进学生学习,提高学生成绩,实现学校持续改进,教师必须在专业学习共同体内部协作,创建严格的、基于标准的共同形成性评价。当教师合作分析、理解和解读课程标准,将其转化为高质量的课堂评价时,整个共同体内的成员都受益于团队的集体智慧。⑦ 如此看来,由专业学习共同体创建的形成性评价是更有效、更优质的评价,它能够让教师有

---

① DuFour, R., DuFour, R., Eaker, R., & Many, T. Learning by doing: A handbook for professional learning communities at work [M]. Bloomington, IN: Solution Tree, 2006: 28.
② Schmoker, M. Here and now: Improving teaching and learning [M]//R. DuFour, R. Eaker, & R. DuFour (Eds.), On common ground: The power of professional learning communities. Bloomington, IN: Solution Tree (formerly National Educational Service), 2005: 143.
③ DuFour, R., DuFour, R., Eaker, R., & Many, T. Learning by doing: A handbook for professional learning communities at work [M]. Bloomington, IN: Solution Tree, 2006: 37-74.
④ Black, P., Harrison, C., Lee, C., Marshall, B., & Wiliam, D. Assessment for learning: Putting it into practice [M]. Berkshire, England: Open University Press, 2003: 80-100.
⑤ Hill, T. C. Common formative assessments developed through professional learning communities (PLCs): A case study to analyze the alignment of curriculum, assessment, and instruction in a math PLC at a Title I middle school in the Southern United States [J]. Proquest Llc, 2013: 40+118-122.
⑥ Stiggins, R. & DuFour, R. Maximizing the power of formative assessments [J]. Phi Delta Kappan, 2009,90(9): 640-644.
⑦ Stiggins, R. From formative assessment to assessment for learning: A path to success in standards-based schools [J]. Phi Delta Kappan, 2005,87(4): 324-328.

意识地关注课程、教学与评价的一致性,发展形成性评价素养,改进学生学习。从内在机理看,把共同形成性评价作为专业学习共同体的实践并非简单的套用,而是因为专业学习共同体与形成性评价有着内在联系:一是在改进学生学习的目的上,专业学习共同体的理念、重点、结构和性质与形成性评价非常一致;二是在探究过程上,形成性评价所蕴含的计划、证据收集、解释、利用和评价在许多方面与专业学习共同体的四个指导问题相融洽。① 多项研究表明专业学习共同体越先进,其形成性评价实践也就越优质。②

## 二、价值

许多经验研究表明,共同形成性评价有助于落实课程标准,形成标准、教学、评价的一致性,对学生学业成就有着深远的影响,能极大地促进教师专业发展,有助于培育学校合作文化。例如,费雪(D. Fisher)等人分析了一所城市高中共同形成性评价的影响,研究结果显示,由于教学前需要创建共同形成性评价方案,数学教师被迫通过改变教学策略、增加学生操作手段的使用以及结合更好的提问技巧来调整教学,教学从善意的猜测转变为精细的行动,提高了教学的精确度。③ 另一项研究显示,通过实施共同形成性评价,实验学校的教师对课程标准有了更深入的了解,提高了他们设计评价的能力,学会了更好地将评价与教学联系起来,并为那些仍然在读写方面有困难的学生制定了干预计划。④

究其本质,共同形成性评价是项合作行动,其价值可归纳如下⑤:(1)在年级层面

---

① Birenbaum, M., Kimron, H., Shilton, H., & Shahaf-Barzilay, R. Cycles of inquiry: Formative assessment in service of learning in classrooms and in school-based professional communities [J]. Studies in Educational Evaluation, 2009, 35(4): 130-149.
② Betts, D. G. The role of professional learning communities in developing and using common formative assessments [J]. Dissertations & Theses-Gradworks, 2012: 278.
③ Fisher, D., Grant, M., Frey, N., & Johnson, C. Taking formative assessment schoolwide [J]. Educational Leadership, 2008, 65(4): 64-65.
④ Frey, N., & Fisher, D. Using common formative assessments as a source of professional development in an urban American elementary school [J]. Teaching and Learning Education, 2009, 25(5): 674-680.
⑤ Kim, B., & Chris, J. Common Formative Assessment: A Toolkit For Professional Learning Communities At Work [M]. Bloomington, IN: Solution Tree, 2012: 16-18; Ainsworth, L., & Viegut, D. Common formative assessments: How to connect standards-based instruction and assessment [M]. Thousand Oaks, CA: Corwin Press, 2006: 23-24.

提供清晰的学习目标,使得标准、教学、评价一致性得以实现;(2)由于需要共同承担评价任务开发的责任,共同形成性评价比个体教师创设的评价更加有效;(3)应用多种评价方法让学生以多种形式展示他们的理解;(4)定期和及时地反馈,确认学生是否达到了课程标准的要求;(5)对班级、学校、地区和州的评价进行仔细的调整,以更好地为学生在州评估中的表现做准备;(6)共同形成性评价指向学生的学习目标是一样的,这至少为教育公平提供了必要条件;(7)单元前测与后测为教学改进提供证据,在确定课程是否有效实施上,共同形成性评价通过团队合作的行动使得它成为最有效的策略;(8)通过集体行动,更能为个体教师的实践提供启示,为教师的专业行为和实践的改变提供最有力的工具;(9)在教学改进过程中,能提升共同形成性评价团队的能力;(10)对于正经历学习困难的学生,共同形成性评价能为他们提供系统性、集体性的反应。

## 第三节　学校的应然回应

共同形成性评价是适应时代与教育发展而成的产物,直接关联课程标准落实与教师合作发展。作为新鲜事物,共同形成性评价对学校提出诸多要求。

**第一,学校应从系统高度把共同形成性评价纳入整体规划**。上文表明,共同形成性评价不止于评价,直接面对单元教学,与教学可谓息息相关,实质是教师之间的一种专业合作行动。评价与教学是学校教育的中心环节,全校范围的共同形成性评价本身就是一种专业实践,一种系统性的变革。发动、维持这样的变革需要扎实的专业知能、高超的领导艺术、和谐的合作文化。在根本上,学校是种生态系统的存在,共同形成性评价乃其中必不可少的构成,需要把它置于学校课程整体规划之中。为此,学校需要大处着眼、小处着手,创设善于反思、勇于改进的合作文化,为教师提供专业发展机会,建设校内学生评价体系,推动校本教研的专业化,发展相关配套教师评价制度。

**第二,学校应为共同形成性评价可持续发展提供规范保障**。共同形成性评价涉及面很广,上文主要从某年级某门学科来论述,如果把它置于学校层面来考虑,则需要统整更多的因素,如善于合作的领导、持续的专业培训、直面困难的毅力、坚持的目标、合理的行动节奏等。无疑,要维持这样庞大复杂的行动绝非易事,至少需要学校提供如下规范保障：持续聚焦于共同形成性评价的目的，即清醒地认识到开展共同形成性评价的目的在于落实课程标准与促进教师专业发展；反思共同形成性评价的作用，认识到它能提供同事的智慧、推动教师的学习、促进教学的改善；为共同形成性评价创造时间保障；成立年级评价领导以组织会议等事务，鼓励每个成员具有课程领导意识；为每个单元教学建立常规；加强与高校的合作；庆祝共同形成性评价所取得的成功。

第三，学校应为教师提供共同形成性评价技术培训机会。共同形成性评价是种具体的实践行动，而行动往往需要技术破冰，没有必要的技术，共同形成性评价很可能成为空想。实际上，开展共同形成性评价需要诸多技术，如课程标准解读、大观念的获取、主要问题的设计、学习进程的确定、单元教学设计、评价任务研制、评价结果分析、课例研究等等，这些都是教师必须掌握的专业常规技术。因此，教师培训，尤其是校本教研，需要把这些技术作为重点学习内容，甚至有必要把一些技术进行处理，以便为教师提供简洁实用、便于操作的工具。

# 第三章

剖析共同形成性评价的运行机制

作为一种新兴的评价方式,共同形成性评价的历史发展较为短暂,理论基础尚为薄弱。因此,无论从评价领域发展还是从本土课程改革需求来看,极有必要未雨绸缪地研究共同形成性评价,探讨其理论图景。为此,本章选择了活动理论、学习型组织理论作为解释的依据。这两种理论为共同形成性评价提供了充分给养。本章的核心任务在于从这两种理论来剖析共同形成性评价的运行,从中我们将会理解共同形成性评价的知识基础。

## 第一节 共同形成性评价亟需深度解释

共同形成性评价自 21 世纪在美国出现以来,就在多所学校开展与实施[1],并取得了良好的实践效果。教育领域对其认可度逐步提升,有关解释共同形成性评价的研究也不断涌现,其具体内涵、设计程序与技术等愈发清晰。2010 年美国共同核心州课程标准的颁布,将它推向了更高的层面,对它提出了新的要求,也促使人们进一步探讨它背后的理论解释。

共同形成性评价本身是一种形成性评价,而专业学习共同体又为其中的"共同"两字提供直接的理论依据。正是出于这方面的原因,有关共同形成性评价理论基础的研究大多从专业学习共同体与形成性评价的角度进行探析。在学校背景下,所谓专业学习共同体是指,为促进学生发展,教育工作者以合作方式努力不懈地进行共同探索与行动研究[2]。它与建构主义紧密相关,强调个人在以学习者为中心的环境中与同伴协

---

[1] Hill, T. C. Common formative assessments developed through professional learning communities (PLCs): A case study to analyze the alignment of curriculum, assessment, and instruction in a math PLC at a Title I middle school in the Southern United States [D]. Texas A & M University, 2013: 7.

[2] DuFour, R., DuFour, R., Eaker, R., & Many, T. Learning by doing: A handbook for professional learning communities at work [M]. Bloomington, IN: Solution Tree, 2006: 3.

同工作①,促进教师专业发展,并考虑了学习的社会背景,鼓励教师与具有相同经验的其他人进行批判性反思来获得与理解知识。专业学习共同体也从美国麻省理工学院教授圣吉所提出的"学习型组织"管理理论中汲取养分。例如,在 1998 年杜福尔和埃克(R. Eaker)对于专业学习共同体特征的描述基本与自我超越、改变心智模式、建立共同愿景、团队学习、系统思考这五项修炼相似②。随着研究的深入,更有学者聚焦校长对专业学习共同体中信任与合作的影响,诉诸领导权变理论的支持③,也有学者建构了由成员、目标、中介和机制四个要素组成的三角形理论框架,研究多个专业学习共同体的建设④。尽管以上理论从不同角度对专业学习共同体进行了解释,但它们仍不能回应在共同形成性评价过程中新知识到底是如何产生、分享与分配的,不能说明评价团队是如何保证工作动态、持续地开展的,也无法回答整体运作是如何实现标准-教学-评价一致性的。与此同时,作为共同形成性评价的另一构成,形成性评价被视为是在教学和学习过程中进行的评价,用以监控、发现并及时向教师与学生反馈学习问题,进而开展教学/学习调整,促进学生学习改进。其反馈在学生内部、学生之间以及教师和学生之间起作用,评价成为教与学的中介部分;其监控具有反思性和互动性,促使教师和学生动态且持续地学习。⑤ 这与建构主义的观点不谋而合——评价以学生为中心⑥,成为教与学循环中一个完整的、持续的方面⑦。然而,它却不能回应群体学习的内在机制,不能阐明组织中的人员关系与角色分工,不能解释实施共同形成性评价的

---

① Brooks, J., & Brooks, M. In search of understanding: The case for constructivist classrooms [M]. Alexandria, VA: ASCD, 1993: 1-3.
② Betts, D. G. The role of professional learning communities in developing and using common formative assessments [J]. Dissertations & Theses-Gradworks, 2012: 13-14.
③ Hallam, P. R. Dulaney, S. K., Hite, J. M., et al. Trust at Ground Zero: Trust and Collaboration Within the Professional Learning Community [M]//Trust and School Life. Springer Netherlands, 2014: 145-170.
④ 文秋芳. 大学外语教师专业学习共同体建设的理论框架[J]. 外语教学理论与实践,2017(3): 1-9.
⑤ Roos, B., & Hamilton, D. Formative assessment: A cybernetic viewpoint [J]. Assessment in Education: Principles, Policy and Practice, 2005,12(1): 7-20.
⑥ Shepard, L. The Role of Assessment in a Learning Culture [J]. Educational Researcher, 2000,29(7): 4-14.
⑦ Hattie, J., & Jaeger, R. Assessment and classroom learning: a deductive approach [J]. Assessment in Education: Principles, Policy and Practice, 1998,5(1): 111-122.

条件保障,甚至不能说明评价过程中知识资源的有效配置。因此,借助专业学习共同体或形成性评价的理论基础解释共同形成性评价还缺乏针对性,尤其需要进一步结合其自身的特点进行具体分析。

从实际情况看,很少有专门研究糅合专业学习共同体与形成性评价来解释共同形成性评价的内在机制,大多只是简单地将其理论基础归为建构主义,宏观地阐述其中涉及的知识与学习;或宽泛地论述共同形成性评价如何提升教师评价素养,提高学生学业成就的内部机理。即便一些研究曾较为深刻地指出了共同形成性评价改变教师教学实践并改进学生学习的内在原因——专业学习共同体聚焦于分析与研讨评价结果,在一定的环境下教师一起分享目标与观点;专业学习共同体让每个教师拥有一种承诺感,对其他组员的问责结果负起责任[1],但却未深入探讨更为根本的问题——在共同形成性评价过程中知识是如何产生的?团队成员何以习得与应用知识?团队知识管理如何实现分享?而对于这些问题的回答,可以从本质上展现共同形成性评价的运作机制。

## 第二节 活动理论的视角

### 一、活动理论及其对解释共同形成性评价的适切性

活动理论作为一种内涵丰富的理论框架,可为共同形成性评价的内在机制提供解释。

(一)活动理论的主要思想

活动理论是以"活动"为逻辑起点和中心范畴来研究和解释人的心理发生、发展问题的心理学理论[2],20 世纪二三十年代引入前苏联心理学界。维果茨基(L. S. Vygotsky)最早构建了活动理论的三角形框架,他的学生列昂节夫(A. N. Leont'ev)将其改进,使人类活动结构化,拓展了活动情境和活动要素,关注了个体与其所属集体

---

[1] Black, P., Harrison, C., Lee, C., Marshall, B., & Wiliam, D. Assessment for learning: Putting it into practice [M]. Berkshire, England: Open University Press, 2003: 10-11.
[2] 杨莉娟. 活动理论与建构主义学习观[J]. 教育科学研究,2000(4):59-65.

(社会)之间的复杂关联[①]。20世纪70年代末,活动理论传入西方,再次焕发生机。以恩格斯托姆(Y. Engeström)为核心的研究者系统研究了前苏联活动理论的思想并在此基础上扩展与完善,提出了"学习者集体"和"高级学习网络"的概念。在不断演进的过程中,活动理论得以逐步深化并丰富。

如图3-1[②]所示,活动系统的三角形模型中包含了主体、客体、共同体三个核心要素,以及工具、规则与劳动分工三个次要要素,各要素之间构成生产、消费、交换、分配四个子系统。中介(meditation)是系统关键,活动理论认为人与环境并非直接交互,而是需要以人造物作为中介进行调节。主体,即活动中的成员,需要在中介(包括工具、符号、语言等)的支持下塑造客体,并转化成结果,体现主体的需求。主体与共同体之间存在着复杂关系,活动的主体并不孤立存在,而是由若干个主体构成共同体。共同体中存在着显性与隐形的规则、习俗等,以此实现与主体的沟通,同时共同体作用于客体的过程中也存在着横向的任务分配和纵向的权利与地位分配。活动系统中的活动不是固定不变的,也并非要严格遵循某种顺序,各要素之间不限于单向作用,而是进行双向变化与流动。

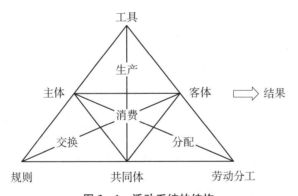

图3-1 活动系统的结构

---

① Engeström, Y. Expansive learning at work: Toward an activity theoretical reconceptualization [J]. Journal of Education and Work, 2001, 14(1): 133-156.
② Engestrom, Y. Learning by Expanding: An Activity-Theoretical Approach to Developmental Research [M]. New York, NY: Cambridge University Press, 1987: 78.

（二）应用活动理论解释共同形成性评价的适切性

那么，为什么以活动理论为视角来剖析共同形成性评价？从活动理论的发展来看，它在迭代演进的过程中被众多领域借鉴，教育领域也不例外，尤其在教育信息与技术层面广受应用。在有关形成性评价与专业学习共同体的研究中都曾出现过活动理论的身影，这些研究主要借鉴活动理论的思想、框架指导特定活动，本书认为，完全可以藉由活动理论来探析共同形成性评价的运作机制。

如果深度地分析活动理论与共同形成性评价，不难发现活动理论应用于解释共同形成性评价内在机制的适切性。其一，活动理论是一个基于活动的学习理论[①]，而共同形成性评价背后的理路正是学习机制。它要求教育工作者从标准中解读出清晰的学习目标，以此进行单元设计和评价，达成促进学习的目的，实现标准-教学-评价的一致性。这其中不仅包含教师学习怎么教、怎么评，也包含学生怎么学。其二，在当代的活动理论中，更加提倡以活动系统为基本单位，并将各参与者的背景及其之间的关系考虑在内[②]。共同形成性评价也遵循着系统的运作模式，它包含着一系列动态活动，以确保在教学过程中频繁地向学生和教师提供有关信息。活动背后无法忽略的基础是合作，教师团队合作设计、开展评价，汇聚集体智慧，这也与活动理论注重整体与情境的思想相契合。其三，在活动系统中，活动不限于客体导向，而是由具体结果驱动并以此为导向，这些结果能对活动进行监控、度量和调节[③]。在共同形成性评价中专业学习共同体致力于学习与持续改进，同样需要聚焦具体的学习结果，形成性地评价学生的学习表现，随时了解学生的学习进展，并对教学与评价进行调整与改进。

## 二、活动理论视角下共同形成性评价运作机制探析

为更好地运用活动理论来解释共同形成性评价运作机制，我们可结合共同形成性评价，把活动理论的各个要素加一具体化。例如，对应"工具"的是"单元前后测问题、

---

① 项国雄，赖晓云.活动理论及其对学习环境设计的影响[J].电化教育研究，2005(6)：9-14.
② Engestrom, Y. Learning by Expanding: An Activity-Theoretical Approach to Developmental Research [M]. New York, NY: Cambridge University Press, 1987: 78.
③ Engeström, Y. Enriching activity theory without shortcuts [J]. Interacting with Computers, 2008, 20 (2): 256-259.

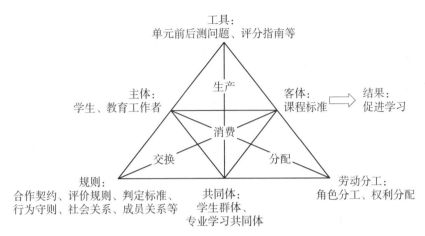

图 3-2 共同形成性评价活动系统

评分指南等";对应"主体"的是"学生、教育工作者"。由此,可得到图 3-2 所示的共同形成性评价活动系统。借助这一框架,共同形成性评价的运作机制得以凸显,这主要表现在以下三个方面:

(一)系统核心:知识运行

在共同形成性评价运行的过程中,知识承担着重要作用,它贯穿于整个活动系统之中,在其中产生、流动、转化。

1. 知识的产生。在共同形成性评价中,作为活动主体的学生与教师及其组成的共同体,为落实课程标准或课程目标①这一客体,达成促进学习的结果,生产可利用的知识。就学生而言,他们通过与教师互动、同伴互动、文本互动(如教材等)、自己互动产生新知识;就教师而言,无论教师个体还是群体在独立或合作开发评价工具、设计并进行教学与评价的过程中,都会产生相应的促进教学与评价的知识。并且,在专业学习共同体中,教师与教学教练(instructional coach, IC)的互动促使教师获得特定内容的专业知识、行动建议与指导以及对自身教学与评价过程的反思,共同体中的合作与对话还会衍生出规则、分工等知识。

2. 知识流动的表现。共同形成性评价中的知识伴随着它的行动而流动,从主体的角度而言,知识的流动主要表现在师生之间、学生之间、教师之间、教学教练与教师

---

① 这里所提的课程目标指地方课程目标或校本课程目标。

之间这四个方面。共同形成性评价的进行依托于课堂,教师与学生在教学相长的过程中落实标准或目标的要求,自然而然地实现知识流动;学生之间、教师之间则通过必要的合作交换、共享知识成果;而在教学教练与教师之间,主要表现为教学教练提供教学实践框架、观察教师教学、分析评价数据、向教师反映教学情况、支持评价发展、帮助教师设计教学方案,[①]因而教师加深对学生学习方式的理解,认识到课堂实践的现实,并向教学教练反馈评价开展过程中遇到的问题和挑战。这种知识的流动不遵循统一的固定模式,而是具有双向交互特征。

3. 知识类型的转化。流动于共同形成性评价运作过程的知识,也实现了显性与隐性的转化。借由图3-3野中郁次郎(N. Ikujiro)和竹内弘高(T. Hirotaka)的SECI模型,活动系统中知识的转化可以更为清晰地呈现。他们把知识转化的过程分为四个阶段,每一阶段都在各自相应的"场(Ba)"内实现。所谓"场",即知识共享的环境,这一环境将物理空间(如办公场所)、虚拟空间(如电子邮件)和精神空间(如共同愿景)相统一[②]。在进行共同形成性评价的过程中,教师通过与学生直接互动以及听评课等方式观察、模仿其他教师的教学实践获得新知识,在专业学习共同体中扩散这些共同体验到的有关教学与评价活动的隐性知识,实现隐性知识的社会化(socialization)。在团队愿景的推动下,团队领导定期举行会议促成成员间的必要对话,教师以及教学教练借助隐喻、推理等方式进行清晰的语言表达或概念创造,将自己高度个人化的隐性知识外在化(externalization),形成显性知识,使之更易理解。教学教练搜集来自共同体成员的社会化知识或公开发表的资料,整理成新的显性知识,利用报告、开会等形式将这些新知识传达

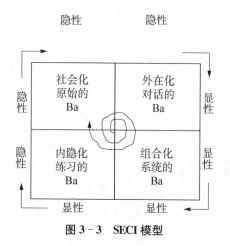

图3-3 SECI模型

---

① Knight, J. Instructional coaches make progress through partnership [J]. Journal of Staff Development, 2004, 25(2):31-37.

② Ikujiro, N., Ryoko, T. & Noboru, K. SECI, Ba and Leadership:a Unified Model of Dynamic Knowledge Creation [J]. Long Range Planning, 2000, 33(1):13-16.

给共同体成员。在知识的汇总、处理,即组合化(combination)过程中,共同体成员商定行动计划,达成共识后付诸具体行动。在进行具体的评价、教学过程中,共同体成员消化、吸收显性知识,并将其内隐化(internalization),形成对当前评价与教学行动的改进建议等隐性知识,从而将整个知识转化过程有机联系起来。

(二)知识运行的载体:中介

中介的思想自维果茨基提出以来,一直都是活动理论的基础。他把人的心理机能分为低级心理机能与高级心理机能,人类所特有的高级心理机能的发展有赖于人与社会环境的互动,以及语言与其他社会文化产物的调节关系。[①] 也就是说,人的认知活动通过文化人造物或符号等中介进行,进而发展提高认识水平。中介即工具,分为物质工具(外部人造物)与心理工具(内部人造物),物质工具包括机器、建筑等外部事物,心理工具包括语言、符号、数学、文化人造物等。[②] 中介工具联结主体与客体,在它的调节之下,主体间接作用于客体。工具决定着人与环境的交互形式,它是社会知识的积累与传递的手段,不仅影响人的外部行为,还影响其智力操作;它还意味着分工,是活动的人造物,同时又调节着人与人的关系或人与物的关系。[③] 正是在中介思想的指导之下,才构成了活动理论最初的三角形架构。在图3-2的活动系统中,各子系统中均包含中介成分。

在共同形成性评价的活动系统中,存有物质工具,但知识的运行主要通过心理工具调节实现。主体与客体目标之间最直接的知识表现形式为课程标准所规定的内容,其中的中介工具则包含课程标准解读后进而形成的评价问题、评分指南等文化人造物,在它们的作用之下,形成了主客体之间特有的交互形式。共同体中的规则、成员和社会关系也以中介的形式存在,影响成员进行知识资源的合理有效配置,并进行知识的交流与转换。同样,共同体中的角色分工、权利分配在落实课程标准、促进学生学习的系列活动中扮演着中介的角色,促成知识产生的主体指向性,规范知识应用的相关环节。共同形成性评价的中介工具为知识的运行提供依托与中转平台,搭建起桥梁,

---

① Vygotsky, L. S. Mind in society: The development of higher psychological processes [M]. Cambridge, MA: Harvard University Press, 1978: 1-174.
② 吕巾娇,刘美凤,史力范.活动理论的发展脉络与应用探析[J].现代教育技术,2007(1): 8-14.
③ 吕巾娇,刘美凤,史力范.活动理论的发展脉络与应用探析[J].现代教育技术,2007(1): 8-14.

在其中最无法忽略的中介为语言。知识寓于语言之中,通过概念等形式来表现,语言又是集体进行思维创造的表现形式之一。语言也蕴含于共同体形成评价的专业对话中,它们渗透于教学、评价的合作设计与实施之中,也表现在应对困难时的指导与建议之中,甚至表现在促成教师反思的问题之中。正是在中介的承载之下,知识运行以及共同形成性评价的运作具体体现在活动理论的各个子系统之中。

(三)具体运作单位:子系统

活动子系统是活动理论框架的组成部分,可以此为着眼点探究共同形成性评价的具体运作,这既可以明了单个评价活动的意义,又可以清楚整个评价系统运作的缘由。

1. 生产系统

在共同形成性评价的生产系统中(见图3-2),包含主体、工具、客体三个要素,作为主体的学生和教师,在工具的调节下,落实课程标准,生产出促进学习的结果。从本质意义上讲,这一结果的产生主要表现为知识产生,包括学生学习到的课程标准所规定的知识、元认知的知识,教师依据课程标准进行教学、评价的知识,以及系统中以文化人造物形式表现的中介工具。课程标准在共同形成性评价的运行中无法直接呈现,需经解读、筛选后再呈现,也就是将其转化成更小、更明确的教学、学习、评价目标。进而,教师由这些目标出发,进行单元设计,并制定相应评分指南,处理评价结果。在这一子系统中,前、后测问题和评分指南是相应存在的工具,单元前测帮助教师确定学生对单元学习目标的整体理解,单元后测帮助教师明晰学生在单元结束后需要学到哪些知识。教师利用评分指南对单元前、后测进行比较,检查学生的学习。

2. 消费系统

这一子系统(见图3-2)主要涉及主体、客体、共同体三个要素,回答共同体成员对生产过程产生了什么影响,以及如何消费活动中的能量和资源等问题。在共同形成性评价的消费子系统中,学生、教育工作者共同致力于课程标准的落实。他们消费其他子系统产生的能量与资源(即知识),实现知识共享。学生之间交流学习心得与经验,教师之间则可以通过听评课的活动进行观察、模仿、学习,针对教学、评价活动的不足之处提出改进意见,更可以获得共同体中"专家"的指导,反思自己的教学与评价活动。这一子系统的运行依赖共同体成员的合作,同年级或同学科教师合作设计与利用评价工具,商讨单元前、后测问题与评分指南的制定,以及交流如何更好地处理评价结果和开展下一步的教学,从而对生产过程承担起正向促进作用。对共同体内的教育工作者而言,这样的活动更能促进他们的专业发展。

3. 交换系统

在共同形成性评价的交换系统中(见图3-2),包括主体、规则、共同体三个要素,规则成为主体与共同体之间的中介,它包含显性及隐性的法规、规范、约定、标准等。在共同形成性评价中含有可以用语言或文字表达的规则,如合作契约、评价规则、日常行为守则、判断是否达到预期学习结果的标准等,也含有共同体中存在的社会关系、成员关系等。合作是促成共同形成性评价的基础原则之一,合作契约是执行其他规则的首要条件。它的形成受外部支持的影响,更源自专业学习共同体成员希望促进学习的共同愿景。为实现这一结果,共同体成员通力合作,参加集体会议,通过自主协商达成身份认同,形成行动共识,制定其他相应的规则。鉴于共同形成性评价指向标准-评价-教学一体化,评价规则所包含的内容则较为丰富,它不仅规定评价工具的设计与评价运行程序,也规定评价后的教学改进。正是建基于合作,各成员自觉遵守规则,规范自身行为,团队领导及其他各成员则承担起监督作用。

4. 分配系统

含有共同体、劳动分工、客体三个要素的共同形成性评价分配系统(见图3-2)主要涉及共同体中成员的角色分工与权力分配,在行动规则的指导之下,学生和教育工作者分别明确自己在共同体中的角色和任务,为落实课程标准、促进学习而共同努力。专业学习共同体内的成员角色分配包括团队领导、教学教练以及其他同年级或同课程的教师等。团队领导直接领导各成员,主要负责一些日常行动事务,组织开展行动(如定期组织会议等),同时还负责融洽成员关系,督促合理分工;教学教练凭借自己在特定内容领域的知识与实践经验为教师设计与开展评价提供相应指导,并促成教师对自身活动的反思,实现潜在的间接领导;教师则自愿接受领导,并结合自身所长,承担教学实践、开展单元前测和后测等具体任务。

综上所述,活动理论为解释共同形成性评价的内在理路提供了直接支持,清晰地解释了共同形成性评价的运作机制,丰富了共同形成性评价的理论研究。但是,我们必须指出活动理论对于共同形成性评价存有解释盲点或不足。这一方面在于,共同形成性评价的实践在快速发展,出现了跨学科课程,教师专业学习共同体也有了跨领域合作,至于其如何开展行动需要做更具体的分析,而不是进行宽泛的说明。另一方面在于,作为解释框架活动理论在具体到解释共同形成性评价时难免宏观,在一些细节之处解释不足,如确定评价的次数、单元前后测的问题数量等问题,需要进一步缩小到评价领域,尤其需要聚焦评价知识。

## 第三节 学习型组织理论的视角

### 一、学习型组织理论及其对解释共同形成性评价的适切性

(一)学习型组织理论的主要思想

20世纪60年代后,在"综合"思想、系统动力学观点的推动下,美国麻省理工学院教授彼得·圣吉在《第五项修炼》中明确提出了"学习型组织"的管理理念,正式形成了学习型组织理论。学习型组织是一种有机的、高度柔性的、扁平化的、符合人性的、能持续发展的、具有持续学习能力的组织。[1] 圣吉认为,在学习型组织中,大家得以突破自己的能力上限,创造真心向往的结果,培养全新、前瞻而开阔的思考方式,全力实现共同的抱负,以及不断学习、共同学习。[2] 学习型组织理论是一项科学的管理理论,它包含五项修炼:

1. 自我超越(Personal Mastery)

自我超越即不断清晰和深化自己的个人愿景,从内心深处出发,超越方方面面自身所现有的平衡状态,不断追求、不断学习、不断创造。它是学习型组织的重要基石和精神基础,它包括两方面的行动:首先,它不断澄清什么对我们最重要;其次,它还包括不断地学习如何清晰地观察现实[3]。自我的超越高于组织的超越,只有自我超越才能达到组织超越。

---

[1] 陆雄文.管理学大辞典[W].上海:上海辞书出版社,2013.

[2] Senge, P. M. The fifth discipline: The art and practice of the learning organization [M]. New York: Doubleday, 1990.

[3] 彼得·圣吉.第五项修炼:学习型组织的艺术与实践[M].张成林译.北京:中信出版集团,2008:7-274.

2. 改变心智模式(Improve Mental Models)

心智模式是由外界刺激后主观形成的惯性表象或概括,受习惯、已有知识与经验等因素的影响,其表现形式多样,可以是简单的归纳,也可以是高深的理论。它根深蒂固于我们心中,影响我们对于世界的观察、感知、判断,塑造与决定我们的行为方式,但通常不易被主观个体察觉,因此会多次重复同样的思维方式和行为,甚至形成完全固化的模式。所以,改进行为真正需要改变的是心智模式。心智模式的修炼与改进,需要审视与反思自身,把自己的内心真实地表露,开放思想,与他人广泛交流与沟通,接受他人的影响,挑战现有心智模式,使之合理化。需要注意的是心智模式并非统一或同一,不必强求融合与一致,多种心智模式可以同时存在,但有时也会出现不协调的现象。

3. 建立共同愿景(Building Shared Vision)

共同愿景相对于团队组织而言,是团队成员所共有、共享和追求的目标与相同的价值观,以此达成团队共识、凝聚团队力量。在组织中它是居于首要地位的,是学习与实践所围绕的中心,也是成员的动力来源。只有团队共同愿景真正建立,人们才会积极努力,力求上进。而团队共同愿景的建立是从成员个人愿景中取得的,也牵涉个人对于团队未来蓝图的设想与计划,因此以求长期成长的组织需要花费大量的实践探寻共同愿景,团队成员也不单单是简单服从,而是从内源出发,激发自身真正的信念与动机。

4. 团队学习(Team Learning)

在学习型组织中,团队学习以集体为基本单位,让团队中的个人得以超越,改变心智模式。团队学习对当今组织机构而言的重要性不言而喻,在多种情况下,集体智慧往往超越个人智慧。它促使成员真正打开心扉,无边界地彼此交流、启发,共同思考,实现知识共享,汇聚核心竞争力,从而快速促进团队持续有效地进步,也促使个人的专业成长,以达共赢。

5. 系统思考(Systems Thinking)

系统思考从整体与全局出发,整合其他各项修炼,以明晰其他修炼之间的内在联系及其如何作用于实践的理路。通过系统思考,认识到整体大于局部,理清个人与世界的关系,转变个人看待自己与世界的观点。在学习型组织中,看清自己的学习与创造，认识自我，不断创造未来的组织。

（二）应用学习型组织理论解释共同形成性评价的适切性

学习型组织致力打造理想状态的知识型组织，无独有偶，共同形成性评价的设计与实施依托教育工作者集体的合作，从共同体的角度而言，是其最大的契合之处。第一，学习型组织要求拥有共同愿景，共同形成性评价以求教师团队积极参与、投入其中，共同实现促进学习的目的；第二，学习型组织包含多层面的持续学习，共同形成性评价中的学习涵盖教师与学生个人、集体、共同体，评价的设计与实施对教育工作者的专业发展具有巨大的指导与推动力量，不断改进自身学习的学生也可以获得更大的学习主动性与能动性；第三，学习型组织中心智模式的改变需要形成合作、平等、交流、反思的文化氛围，而共同形成性评价也需要在这样的氛围中收集与利用评价数据进行信息反馈；第四，学习型组织与共同形成性评价共同追求成员学习与工作的融合；第五，学习型组织与共同形成性评价要求成员跨越严格的行政边界，自愿形成学习共同体。

## 二、学习型组织理论视角下共同形成性评价的组织建制

学习型组织理论为共同形成性评价的组织建制剖开一角，我们得以更为直观和深入地窥见其承载着什么样的基石来确保其高效运行。

（一）专业学习共同体的建立

共同形成性评价的运行需要依赖一定的支撑，而专业学习共同体为其提供实体保障。在专业学习共同体中，为促进学生发展，教育工作者以合作的方式努力不懈地进行共同探索与行动研究[①]。从学习型组织理论的主要内容中获取启示，专业学习共同体具备如下基本要素，这有助于开展有效的共同形成性评价。

1. 团队愿景

具有生命力的团队与组织需要具备共同的目标与希冀，而运行共同形成性评价的前提就是需要同年级或同学科的教育工作者组成的专业学习共同体具备团队愿景。团队的愿景并非专业学习共同体中担任领导角色的成员指派，而是从各成员的愿景中

---

① DuFour, R., DuFour, R., Eaker, R., & Many, T. Learning by doing: A handbook for professional learning communities at work [M]. Bloomington, IN: Solution Tree, 2006.

结晶,深受其参与成员个人价值观、工作目标、教学现实、学生学习实况、学校文化与理念等多种因素的影响,因此,保证成员自愿参与、鼓励成员对共同形成性评价的过程与结果进行构想与规划显得尤为重要,它会真正激发成员的动力,推动成员的行动。如果专业学习共同体全体成员没有深度分享与融合个人对团队的蓝图和责任,可能会出现在未来过程中的隐忧打破团队平衡的状况,无法充分利用专业学习共同体的既有经验,进行富有生机与活力的持续实践。从发挥形成性评价效用的角度出发,专业学习共同体成员在设计与实施共同形成性评价的过程中,需共同致力于学习改进这一目标,共同探索教学的最佳实务和实况,进行合理的评价。

2. 集体学习

共同形成性评价的运行无法仅凭个人完成,显然,将其置于专业学习共同体这一集体中,才会更为合理与便利。参与共同形成性评价的成员,需以专业学习共同体这一集体为基本单位,进行不断的合作与学习,甚至成为一种文化氛围,这也完全可以成为可持续共同形成性评价的关键。合作的形成与否,影响成员关系的融洽程度,对评价的顺利进行和最终的教学成效有重要作用。成员需要进行深度的交流与商讨,思想碰撞,互相学习。这首先需要具备对复杂问题深入思考的能力,做到消除惯性的防卫,不拘泥于学校中固有的行政角色,在共同形成性评价过程中进行创新、协调。

3. 聚焦改进

在运行共同形成性评价的过程中,专业学习共同体需聚焦学生与教育工作者两方面的改进。一方面,共同形成性评价的使用,用以评价学生对当前学习的理解,进行后续教学计划的设计,目的是促进学生的学习,学生在这一过程中,把握自身学习的不足,学会更好的学习,实现学习的改进;另一方面,教育工作者在共同形成性评价的过程中,设计评价方案、收集数据与反馈、进行教学调整等,都有助于教师知识与技能的提升,提高教师的评价素质,促进教师的专业发展与工作改进。促进学生学习依赖专业学习共同体成员的改进,其改进则需要审视自我、超越自我,而反思实践是一项基本的方式,最简单的方法就是将自己的所想所说与所做进行比照,寻找差距,或与专业学习共同体中其他成员进行比较与学习。

4. 合作规则

专业学习共同体需要一定的规则加以保障,往往需要制定合作规则。在行动过程中,团队成员必须坚守这些规则,如:及时参加会议;成为深入参与者;会议上持续聚焦于学生学习的改进;倾听其他成员的观点并采用形成共识的程序;基于数据和证据进行分析;禁止羞辱学生。① 当每个成员自觉遵守规则时,专业学习共同体才能得以持续运转。对于共同形成性评价来说,教师之间可在共识的基础上共同建立合作规则,这能促进每个教师成员维护和改善规则,进而推进自身专业发展、促进学生学习。

(二)专业学习共同体的运行

专业学习共同体的行动具有内在的诉求,其有效运行离不开四个基本环节,即(1)制定计划:依据学生前测数据,甚至往年数据,以及团队所确定的学习目标,制定出适合于学生发展的教学计划;(2)执行计划:团队一起实施教学方案,并通过合作评价等方式收集数据;(3)分析结果:对所收集的数据进行研究,探讨学生存在的典型问题、不同班级之间学生学习成绩的差异等;(4)改进行动:在获取充分信息后,团队对学生学习采取简要而有效的学习干涉,例如提供额外时间对学困生进行学习补救。

在做这些决策中,成员之间的共识非常重要,因此有必要采取一定的共识策略。如有学者提供如下形成共识的步骤②:(1)分享议题及相关信息;(2)明确所要解决的问题,并确定出大家可接受的问题解决标准;(3)对于问题解决方法进行头脑风暴;(4)精简问题解决方法;(5)确定出一种解决方法,它能满足可接受的标准;(6)形成最终共识。当教师采纳如此共识步骤,实质就是实现了形成性评价的团队合作。

(三)专业学习共同体的管理与发展

专业学习共同体不是静态的,它是动态的。这种动态需要管理与发展。优质的共同形成性评价性需要优质的专业学习共同体,在具体实践中需从边界与系统两个角度对其进行管理与发展。其一,共同形成性评价对于人员边界的要求是不严格的,参与成员以自愿为前提形成专业学习共同体,因此成员的构成并非有严格的等级基础,只需成员承担必要的角色,发挥必要的作用。对于成员的管理凭借达成的共识与互认的规则往往更多依靠成员自主管理。参与共同形成性评价的教育工作者需要在一定程

---

① Kim, B., & Chris, J. Common Formative Assessment: A Toolkit For Professional Learning Communities At Work [M]. Bloomington, IN: Solution Tree, 2012: 7.

② Kim, B., & Chris, J. Common Formative Assessment: A Toolkit For Professional Learning Communities At Work [M]. Bloomington, IN: Solution Tree, 2012: 8.

度上自主规范自身教学与评价,特别是在课堂中,评价数据收集与反馈的活动可以依实际进行相应的调整,善于发现自身教学困难与问题进行必要的总结等,可以促进团队高效的交流与研讨。参与成员更需要具有自主学习的意识,不断学习新知识,不断进行创造与改进。而在专业学习共同中,领导者的角色与学校甚至更高层面中行政领导的权利与义务有很大的不同和改变,他们所做的更多趋向于整合与服务。其二,共同形成性评价在实际中并非局限于学科、年级,它有更为广泛的发展空间,而专业学习共同体更是倡导异质,以发展的眼光看,共同形成性评价的组织可以纳入更为广泛的系统,甚至成为社会系统的一部分。在专业学习共同体这一集体中,运行共同形成性评价,更需要系统的思维,集体智慧大于个人智慧,但是个人与集体互利互惠、共同促进。专业学习共同体及其中的成员需要持续学习,对外界保持高度的适应,并做到内部持续更新。

总之,我国当前正进入课程改革攻坚阶段,评价改革乃难中之难,共同形成性评价能为评价改革提供一种思路。虽然我国至今尚未出现过共同形成性评价的完整实践,但已具备开展的基础。在方向上,中国学生发展核心素养与学科核心素养提供了共同形成评价开展的宏观目标和意义支撑;在现实条件上,校际联合考试与评卷的合作形式,以及校内教研组集体备课、批卷等活动的开展都可以称之为共同形成性评价的初级形态;在教师发展上,也开始关注跨领域合作,倡导教师共同体层次与形式的多样化。基于这样的现实,可以从活动理论和学习型组织理论中吸收营养,更好地发展与实施共同形成性评价。相信随着对共同形成性评价解释力度的深入与完善,共同形成性评价在我国教学与评价中会发挥更大的作用。

# 第四章

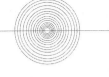

共同形成性评价的行动框架

共同形成性评价是项实践行动,需要一定的团队、程序与技术。实施共同形成性评价首先需要组建团队,清楚团队由什么样的人员构成、团队中如何进行分工与合作以及团队行动需要的时间与场所要求;其次需要对共同形成性评价进行程序设计,为了进行合理设计需要了解当前存有什么样的设计程序并对其加以改进,形成本土化的实施程序。在共同形成性的实施过程中还需要多种关键技术的支持,本章主要关注五项关键技术,即解读课程标准、开展逆向单元设计、组织听评课活动、开展评分工作、处理评价结果。

## 第一节 团队组建

在具体开展共同形成性评价之前,需要组建形成性评价团队。这主要包括团队愿景、人员组成、分工与合作、时间与场所。

### 一、团队愿景

团队由自愿参与的人构成,他们之间有着共同的身份认同,认为所有的学生都可以教好。团队合作乃基于一个共同的目的,即促进学生发展和教师发展,为此需要把团队建设为一个学习型组织。在这样的组织中,成员拥有共同的信念与态度,共同探索教学的最佳实务和实际情况。

### 二、人员组成

共同形成性评价一般要求 2 名及以上的同年级或课程的教师或其他教育工作者组成,具体的人数要结合具体开展的范围而定。团队的组建需要具备一定的条件,其前提与基础是参与人员自愿,除此之外还包括他们相同或相似的价值追求、工作目标、自身兴趣爱好及先前所学,以及时间、空间合适等开展的便利条件等,这些都可以为团队工作的顺利开展与人员关系的融洽助力。理想的共同形成性评价团队对于人员结构的期望是动态且具有层次的，比如基于教研组、备课组形成的动态专业学习共同体。因此，在年龄方面，希望既包括有经验的教师又包括新手教师，这样可以出现适度的学习差距，更有效的实现知识、经验以及问题的交流与共享；在人员流动方面，团队不要求人员一直固定不变，这反而不利于团队的可持续发展，在具备核心角色的基础上，人员可以随意流动，持续为团队注入新鲜血液，带来生机与活力。

团队功能的有效实现还需要设置核心角色发挥主持人的作用，在共同形成性评价的团队中，团队小组领导与教学教练是必不可少的，他们需要得到学校管理者的支持与授权，且最好是真正参与、融入团队之中，服务团队发展。团队小组领导主要带领成员进行日常行动事务，而教学教练则主要进行内容方面的专业指导，水准高的教学教练更是拥有对课程的深刻理解、高质量的教学实践，以及各种评价方法[①]，对共同形成性评价的开发及促进人员的反思具有关键作用。而这两方面的领导可以集中于一人之手，教学教练也可以负责日常事务组织，当然也可以分于多人之手，各自发挥自己的优势与特长。而学校甚至更高层的行政人员及管理者则需谨慎参与，在必要的时候提供帮助，切勿利用自身职权给予共同形成性评价团队带来偏见与所谓的"指导"。

## 三、分工与合作

团队中合理有序的分工对提高团队效能，进一步促进团队合作关系融洽具有重要作用。在共同形成性评价团队中的分工，主要是指根据人员特长与优势承担角色任务。前文所提到的团队小组领导负责日常行动事务，比如组织会议、汇总成员意见、规范成员行动等。教学教练是学校内容方面的专家，提供教学实践框架、观察教师教学、分析评价数据、向教师反映教学情况、支持评价发展、帮助教师设计教学方案，就如何应对教师面临的挑战和机遇向他们提供建议，[②]很大程度上满足了教师的个人需求。他们在真正进入团队时通常也会接受积极倾听、尊重他人、保守秘密和与教师产生共

---

① Sweeny, D. Mirror, mirror, in the lab [J]. Journal of Staff Development, 2007, 28(1): 38.
② Knight, J. Instructional coaches make progress through partnership [J]. Journal of Staff Development, 2004, 25(2): 31-37.

鸣等方面的广泛培训①,以更好地在团队中提供贡献与服务。在运行共同形成性评价过程中,教学教练主要致力于帮助团队确定评价类型;促进团队进行单元设计;帮助教师提高评价质量;确保及时向学生与教师提供反馈;②跟踪团队共同形成性评价开展情况;促成团队的专业对话;提出反思性问题,改进教师的课堂教学与评价。在一些必要的场合,还需要有人承担计时、记录等任务。在共同形成性评价的团队中,每个成员都是重要的参与者,在运行评价的过程中,都应该结合自身经验与特长,承担一定的任务。

团队成员的高度信任与高度合作是共同形成性评价团队顺利开展活动的关键,他们共同致力于改进学习目标,合作研制试卷、分析数据、反馈教学、设计课程、分享最佳实践,进行深入的思考与平等的对话、交流。合作关系的建立以及合作文化氛围的形成,对教师与学生会产生巨大的积极影响。合作打破了教师之间的孤立状态,形成共同学习的环境,获取新的知识与技能,增强对课程内容的理解,并为教师提供批判性反思自身实践的机会,共担风险,创造与发展更有效的共同形成性评价。为进行高质量的合作,团队成员需进一步明晰在团队中应该怎么做,即遵守合作规范,通常包含如下方面③:(1)尊重团队其他成员,倾听他们的声音,以共识方式达成决定;(2)愿意相互承担责任,以协商方式开展行动;(3)以共同的主题开展行动,根据数据做出决策;(4)每次活动皆有所准备,致力于持续不断地改进学生学习;(5)经常回顾行动过程,反思行动的有效性;(6)需要必要的常规,如定期活动时间与仪式规定。有些规范可能不止于上述内容,但数目以精要为佳,以短句呈现较好,有关违规的事情需要得到处理。

---

① Hill, T. C. Common formative assessments developed through professional learning communities (PLCs): A case study to analyze the alignment of curriculum, assessment, and instruction in a math PLC at a Title I middle school in the Southern United States [D]. Texas A & M University, 2013: 36.

② Knight, J. Instructional coaching: A Partnership Approach to Improving Instruction [M]. Thousand Oaks, CA: Corwin Press, 2007: 40-50.

③ DuFour, R., DuFour, R., Eaker, R., & Many, T. Learning by doing: A handbook for professional learning communities at work [M]. Bloomington, IN: Solution Tree, 2006: 63-73; Goleman, D. Emotional intelligence: Why it can matter more than IQ & working with emotional intelligence [M]. New York, NY: Omnibus, Bloomsbury, 2004, 1-384; Kim, B., & Chris, J. Common Formative Assessment: A Toolkit For Professional Learning Communities At Work [M]. Bloomington, IN: Solution Tree, 2012: 7.

## 四、时间与场所

共同形成性评价团队必须有充分的时间进行协同的工作和会议交流,便利起见,一般在教师在校时开展合作。鉴于各团队的具体情况,进行合作与交流的时长可以有所不同,一般建议各团队每周至少要拿出 30 分钟的时间用于共同形成性评价。[①] 而花费更长时间、更频繁交流的团队的成功经验也表明了,他们可以建立起高效的工作流程模式,如在一次计划和编写评价的会议后进行一次结果分析和反馈。因此,鼓励团队在条件允许的情况下,进行更为频繁的交流,并且尽量固定会议时间,这会大量减少组织与协调的时间成本。对于时段的选择,可以是在每次课堂结束后直接进行交流与反馈,也可以在学生放学后,教师自愿拿出部分时间用于会议的开展与交流。而对于地点的选择,可选用学校可利用的任何场所,但一般在会议室或教室。如果会议的开展可以在课后的教室中直接进行,教师对教学内容有最为清晰的记忆,教室中也会保留相应的教学与评价痕迹,是最合适的选择。为了给教师与学生提供充分交流的机会,为共同形成性评价创造时间保障,学校应合理安排各项活动,合理设置学生放学时间与教师下班时间,可以形成一定的时间差,为教师提供通力合作的必要条件。

## 第二节 程 序 设 计

在共同形成性评价所经历的相对短暂的发展过程中,已经形成了几种具有代表性的实施程序,为其开展提供蓝图与步骤。

### 一、安斯沃斯与维古特的实施程序

安斯沃斯和维古特(L. Ainsworth & D. Viegut)是研究共同形成性评价的领军人物,他们首次在 2006 年出版的《Common formative assessments: How to connect standards-based instruction and assessment》(常见的形成性评价:如何将基于标准的教学

---

① Kim, B., & Chris, J. Common Formative Assessment: A Toolkit For Professional Learning Communities At Work [M]. Bloomington, IN: Solution Tree, 2012: 92.

与评估联系起来)①一书中提出共同形成性评价的实施程序,包含六个步骤:(1)选择单元优先标准和支持标准;(2)解构优先标准并创建思维导图;(3)确定大观念及其主要问题;(4)研发单元后测问题;(5)开发评分指南;(6)创设单元前测问题及相应评分指南。这一设计程序主要着眼于共同形成性评价的评价与教学的联系不够紧密。

经过不断的发展完善,他们在2015年出版的《Common formative assessments 2.0: How Teacher Teams Intentionally Align Standards, Instruction, and Assessment》(通用形成性评价2.0:教师团队如何如意调整标准、指导和评估)②一书中提出了共同形成性评价实施程序的2.0版本,这也是目前最经典的实施程序,相较上一版本增加了四个步骤,共十个步骤:

(一)选择单元所需课程标准

首先需要为学习单元确定优先标准。这一标准是决定学习目标的基础,它并非仅限于规定特定年级和课程的学生所学内容的单一方面,而是涉及多方面的组合。简单来说,它是从总的课程标准中精心选择的、必须为特定年级和课程的学生所掌握、完成的几条重要标准。③一般情况下从优先标准中,最多选择3到5个标准作为本单元的学习重点。其次是确定支持标准。支持标准是连接或与优先标准相关的标准,共同形成性评价只评价学生对优先标准的理解,而不评价支持标准。但是,支持标准为教学提供了支持与支架,用来帮助学生更好地实现对优先标准的理解。在实际操作中,要选择有限数量的支持标准,直接连接到单元优先标准。

(二)解读课程标准

解构优先标准,是为了确定可教的概念(学生应知)和可评的技能(学生所能)。创建图表,是为了展示所有解构后的概念和技能,并使用修订后的布鲁姆(Bloom, B.)教育目标分类法和韦伯(M. Weber)的知识深度模型,为每个概念-技能分配相应的认知

---

① Ainsworth, L., & Viegut, D. Common formative assessments: How to connect standards-based instruction and assessment [M]. Thousand Oaks, CA: Corwin Press, 2006.

② Ainsworth, L., & Viegut, D. Common formative assessments 2.0: How Teacher Teams Intentionally Align Standards, Instruction, and Assessment [M]. Thousand Oaks, CA: Corwin Press, 2015: 43-202.

③ Ainsworth, L. Prioritizing the common core: Identify specific standards to emphasize the most [M]. Englewood, CO: Lead + Learn Press, 2013: XV.

水平。如表 4-1 所示为根据所选标准所创建的图表①包括了一条主要标准和四条相关子标准：

**主要标准**

<u>USE</u> ratio and <u>rate reasoning</u> to <u>SOLVE</u> real-world and <u>mathematical problems</u>，e. g.，by <u>reasoning about tables of equivalent ratios</u>，<u>tape diagrams</u>，<u>double number line diagrams</u>，or <u>equations</u>。

**相关子标准**

a. **MAKE** <u>tables of equivalent ratios</u> **RELATING** <u>quantities</u> with <u>whole number measurements</u>，**FIND** <u>missing values in the tables</u>，and **PLOT** <u>the pairs of values</u> on the <u>coordinate plane</u>。USE <u>tables</u> to **COMPARE** <u>ratios</u>。

b. **SOLVE** <u>unit rate problems</u>，including those involving <u>unit pricing</u> and <u>constant speed</u>。For example，if it took 7 hours to mow 4 lawns，then at that rate，how many lawns could be mowed in 35 hours? At what rate were lawns being mowed?

c. **FIND** <u>a percent of a quantity</u> as a <u>rate per 100</u>（e. g. 30％ of a quantity means 30/100 times the quantity）；**SOLVE** <u>problems</u> involving <u>finding the whole</u>，<u>given a part and the percent</u>。

d. **USE** <u>ratio reasoning</u> to **CONVERT** <u>measurement units</u>；**MANIPULATE** and **TRANSFORM** <u>units</u> appropriately <u>when multiplying or dividing quantities</u>。

表 4-1　单元所选标准解构表

| 概　　念 | 技能 | 布鲁姆教育目标分类 | 韦伯知识深度 |
|---|---|---|---|
| 推理(Reasoning)<br>　● 比率(Ratio)<br>　● 速度(Rate)<br>问题(Problems)<br>　● 真实存在的(Real-world) | 运用(USE)　　⎫<br>去解决(to SOLVE)⎭ | 应用 | 策略性思考 |

---

① Ainsworth，L.，& Viegut，D. Common formative assessments：How to connect standards-based instruction and assessment [M]. Thousand Oaks，CA：Corwin Press，2006：75-76.

续表

| 概　念 | 技能 | 布鲁姆教育目标分类 | 韦伯知识深度 |
|---|---|---|---|
| • 数学性的(Mathematical)<br>例如：通过等价比率图、带状图、双数轴图或等式进行推理(e. g. by reasoning about tables of equivalent ratios, tape diagrams, double number line diagrams, or equations) | | | |
| 图表(Tables)<br>　• 等价比率(equivalent ratios)<br>数量(Quantities)<br>　• 整数测量(whole number measurements) | 制作(MAKE)<br>关联(RELATING) | 评价 | 概念/技巧 |
| 缺失值(Missing Values)<br>　• 图表中(in the table) | 发现(FIND) | 分析 | 概念/技巧 |
| 一对(Pairs)<br>　• 坐标上(on the coordinate) | 标绘(PLOT) | 应用 | 概念/技巧 |
| 图表(Tables)<br>　• 比率(Ratios) | 运用(USE)<br>去比较(to COMPARE) | 应用 | 策略性思考 |
| 单位比率问题(Unit Rate Problems)<br>　• 单价(unit pricing)<br>　• 恒速(constant speed)<br>例如，如果修剪4块草坪需要7个小时，那么按照这个速度，35个小时能修剪多少块草坪？修剪草坪的速度是多少？(For example, if it took 7 hours to mow 4 lawns, then at that rate, how many lawns could be mowed in 35 hours? At what rate were lawns being mowed?) | 解决(SOLVE) | 分析 | 策略性思考 |
| 数量百分比(Percent of a Quantity)<br>　• 每100个的速率(as a rate per 100)<br>例如：一个数的30%是这个数的30/100倍(e. g. 30% of a quantity means 30/100 times the quantity) | 发现(FIND) | 应用 | 概念/技巧 |
| 问题(Problems)<br>　• 寻找整体(finding the whole)<br>　• 给定一部分和百分比(given a part and the percent) | 解决(SOLVE) | 应用 | 策略性思考 |

续表

| 概　　念 | 技能 | 布鲁姆教育目标分类 | 韦伯知识深度 |
|---|---|---|---|
| 比率推理测量单位(Ratio Reasoning Measurement Units)<br>● 计量单位(measurement units) | 运用(USE)<br>去转换(to CONVERT) | 应用 | 概念/技巧 |
| 单位(Units)<br>● 乘以数量(multiplying quantities)<br>● 除以数量(dividing quantities) | 适当地操作<br>(MANIPULATE APPROPRIATELY) | 应用 | 概念/技巧 |
| 单位(Units)<br>● 乘以数量(multiplying quantities)<br>● 除以数量(dividing quantities) | 转换(TRANSFORM) | 应用 | 概念/技巧 |

（三）确立大观念及其主要问题

大观念集中体现了课程的特质，代表对特定单元的理解，学生能在学习与应用解构的概念和技能时建构出大观念是非常重要的。为了向学生更好地介绍学习单元，教育工作者可以提出三到四个相应的主要问题。这些问题来自解构的概念和技能，它们将指导整个单元的所有教学和学习活动，并期望学生在本单元结束后，可以用自己的大观念来回答这些主要问题。

（四）撰写单元学习目标以作为学习成功标准

解构的概念和技能、认知水平、大观念和基本问题以及由优先标准和支持标准派生的单元词汇术语，共同代表了学生在单元学习结束前要达到的单元学习目标。在这一步中，教师团队以学生成功标准的形式写出这些单元学习目标，以此明确表述对学生的具体要求。

（五）研发单元后测试卷

单元后测问题是基于单元学习目标制定的，与单元学习目标直接相关。后测问题应该包括多种形式，可以是选择-反应和建构-反应问题的混合。这些多形式的评价问题的有效结合，可以帮助教育者确定学生在学习单元中对学习目标的整体理解，也让学生清楚地知道在单元结束时展示哪些所学内容。

### （六）开发评分指南

单元后测问题制定后，需要制定相应的评分标准，即开发评分指南。这一评分指南针对各种形式的后测问题进行合理的评分，针对有标准答案的问题，其问题越复杂，评分的级别应该越详细，而针对开放性问题，则需设置通用的评分指南。

### （七）创设单元前测试卷及相应的评分指南

共同形成性评价的过程需要基于前、后测的结果比较来检查学生的学习，因此，单元后测设计完成后，教育工作者需再创建单元前测，以对齐单元后测和相关的参考答案与评分指南。

### （八）完善所有试卷与评分指南

在创建了单元前、后测问题以及相应的评分指南后，同一年级或课程的教师团队还需使用与质量评估相关的既有准则，按顺序评价和修改单元前、后测问题，以进行高质量的共同形成性评价。

### （九）制定学习进程与教学系列

学习进程是引导学生理解单元学习目标的有序模块。它代表了学生在理解和应用更复杂或高级的概念和技能之前必须逐步获得的必备知识和技能。

制定学习进程的一般步骤为[①]：全面了解课程目标，明确学生需在单元学习中掌握的知识、技能；确定所有必要的先导性子技能和能够掌握的知识主体，教师逆向设计，确定达成最终学习结果的先导性的知识和技能，它们也成为衡量学生表现及对掌握欠佳的学生再次教学的依据；明确是否有可能测量在每个初步确定的模块学习中的学生状态，利用快速进度检查明确学生的掌握情况，讨论决定增加哪些学习内容可以保证学生对该目标的完全理解，调整先前设置的模块；把所有的模块按顺序排列好，按单元中出现的顺序进行排列，形成教学系列。这实质是把单元课时目标进行系列化，形成具有先后逻辑次序的学习目标链。学习进程大致可用图 4-1 来描述，其中通往终点学习目标 Q 的 X、Y、Z 可称为学习单元（building block），它们实质是由相关陈述

---

① Popham, W. J. Transformative assessment [M]. Alexandria, VA: Association for Supervision and Curriculum Development, 2008: 35-42; Popham, W. J. Transformative assessment in action [M]. Association for Supervision and Curriculum Development, 2011: 30.

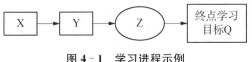

图 4-1 学习进程示例

性知识或程序性知识构成。①

（十）依据学习进程核查单元教学设计

在每一学习阶段完成后，都需立即对学生的理解情况进行一次快速、非正式、不分等级的检查。快速进度检查为教师和学生提供关于学生理解和下一步教学方向的即时反馈。而最有效的形成性进度检查是由教师团队事先计划好的，以配合不同的学习进程。

相比 2006 年版本，共同形成性评价 2.0 的设计程序更为全面综合，前六个步骤关于学生应该学什么，后四个步骤则指出满足学生学习目标所需的评价类型和方式，特别是新增的四个步骤更是凸显评价与教学的联结，指向标准、教学、评价与数据分析的一致性。其中相关的课程标准、大观念及其主要问题都指向于高阶复杂的学习目标，体现了学科的重要内涵与要求。这些也都体现出了学科核心素养的要求，因此完全可用它们来落实学科核心素养。

## 二、金与克里斯的实施程序

金和克里斯(B. Kim & J. Chris)在 2012 年出版的《Common Formative Assessment: A Toolkit for Professional Learning Communities at Work》(共同形成性评估：工作中专业学习社区的工具箱)一书中，提出了另一个被广泛应用的实施程序②，主要包括以下步骤：

（一）确定能力标准

共同形成性评价的起点是确定团队将要评价的内容，因此需确定能力标准，即确

---

① Popham, W. J. Transformative assessment in action [M]. Association for Supervision and Curriculum Development, 2011: 30.
② Kim, B., & Chris, J. Common Formative Assessment: A Toolkit for Professional Learning Communities at Work [M]. Bloomington, IN: Solution Tree, 2012: 37-89.

定学生所必须掌握的关键技能、知识和品质,这是学生基本的学习结果。能力标准的选择遵循三个准则:满足较长时间内的学习要求;可适用于多方面内容的学习;为后续学习做准备。

(二)解读标准,明晰学习目标

教师团队就学生必须要学习和共同形成性评价所要评价的内容达成共识,在众多标准中挑选出几条最重要的标准,以此成为教学目标,这些目标不仅会被教授于学生,而且会进行形成性分析。这些有针对性和受监控的技能、策略和概念将指导团队的下一步计划和行动,以更好地面对需要更多帮助的学生。

(三)设计高质量的形成性评价

这一步主要是明确什么样的评价是好的形成性评价,以及如何编写这些评价,可以使数据成为有用的信息,帮助教师团队明确下一步的教学计划。主要包括以下 7 个小步骤:决定评什么;确定怎么评;设计评价计划;确定时间轴;在实施之前书写评价;制定熟练程度标准;确定如何收集数据。

(四)制定进度指南和进行单元设计

教师团队根据共同形成性评价提供的信息计划教学。首先,根据团队共识制定有关关键技能和概念的教学计划和相应的时间安排。然后,对教学单元进行逆向设计,从单元教学结果(目标)出发,进行单元教学的设计。

(五)利用数据做出改变

教师团队使用他们收集的数据来具体了解如何帮助学生克服困难,以及如何帮助确定哪些学生已经学习了这些材料,并能从丰富的教学中受益。主要包括收集并分析数据,计划如何回应并修正评价,计划下一步教学。

(六)学生参与评价

学生也是评价信息的重要使用者,教师要帮助学生了解他们将要学习什么和为什么要学习,让他们也参与到评价工作中,关注及时有效的反馈并进行自我报告,学生之间互相检验学习进程并交流优缺点。

这一设计程序与安斯沃斯和维古特的 2.0 设计程序更为相似,都是从标准入手,解构出相应的教学目标,设计评价与教学计划,其共同点是更为凸显教学与评价的联结。其不同点主要体现在，前者关注到了学生在评价设计和结果使用上的参与性，后者则更为关注设计更优化的教学并据此快速调查学情。

## 三、希尔的实施程序

2013年，希尔(T. C. Hill)从实践出发，分析美国南部一所中学的数学专业学习共同体的课程、评价与教学一致性。经研究发现，六年级数学专业学习共同体在构建共同形成性评价的协议中是有条理的。从开始到结束的过程包括：解构基本知识和技能(TEKS)，分享教学策略，识别预期的学生误解，并向小组提出反思问题。[①] 并且他开发了一个新的框架来表示共同形成性评价开发过程中的合作过程，共包括六个步骤：(1)确定要测试的TEKS；(2)创建TEKS和认知需求蓝图；(3)选择对齐TEKS的问题；(4)确定每个问题的知识深度(DOK)级别；(5)优化问题，实现高度匹配；(6)反思问题数量、TEKS和DOK级别的设置，更新蓝图。这六个步骤形成了一个符合目标严谨性的系统循环。

这个新的框架包含了先前研究人员提出的几种共同的形成性评价开发思路，其中包括解读课程标准和将评价问题与具体目标结合起来。然而，新程序的独特之处在于，这一程序来自某一学校的教师专业学习共同体的实践，更为强调开发过程中的一致性，层层严格对齐TEKS，所以在这方面花费的时间也更长，更有助于每位教师更深入地了解每个目标的知识深度，如何在适当的知识深度下对目标进行最佳评价，以及该目标如何转化为学生严谨的学习体验。

## 四、借鉴与改进

纵观上述共同形成性评价实施程序，其基本思路大体一致，只是在具体设计过程中，侧重点有所不同，前两种实施程序更为全面综合，经过发展和完善更为关注教学与评价的联结，希尔的循环实施程序则从教师协作的角度重点关注评价和教学对目标的回应。从上述实施程序中我们借鉴如下：

---

① Hill, T. C. Common formative assessments developed through professional learning communities (PLCs): A case study to analyze the alignment of curriculum, assessment, and instruction in a math PLC at a Title I middle school in the Southern United States [D]. Texas A & M University, 2013: Ⅲ.

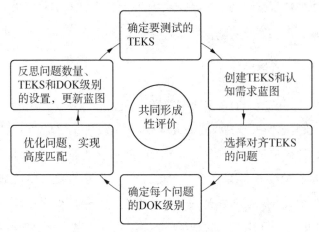

**图4-2 共同形成性评价的循环实施程序**[①]

第一,实施程序应关注教学与评价的联结,实现标准、教学、评价的一致性;

第二,评价与教学都应从目标出发进行设计,而以教学单元为设计单位最为合理;

第三,共同形成性评价团队应通力合作,协同致力于教学改进;

第四,实施程序应包含确定目标、设计评价、数据分析、改进教学等关键环节。

但是,这些实施程序中评价与教学、学习的联系还不够紧密。在安斯沃斯与维古特的2.0实施程序中,制定学习进程属于一种便于实施形成性评价、也便于开展教学设计的学习目标系列,依学习进程核查单元教学设计,旨在为教师和学生提供关于学习的即时反馈,但是如何利用评价结果改进教与学是该程序中所欠缺的部分。在金和克里斯的实施程序中,数据反馈后,强调了学生参与,以发挥评价的最大效用,显然更为关注评价后学生的表现,但是教师团队所承担的教学如何与评价更为紧密的联结,以及如何将学生的学习置于更长远的层面等方面仍需加强。希尔的实施程序则是从团队合作的角度入手,围绕目标进行评价,但是教学与学习并未在其中凸显。共同形成性评价作为形成性评价的最高发展形态,同样需要以服务于教与学的改进为最终目的,否则将与总结性评价强调结果的基本目的无异。因此,需加深共同形成性评价在

---

[①] Hill, T. C. Common formative assessments developed through professional learning communities (PLCs): A case study to analyze the alignment of curriculum, assessment, and instruction in a math PLC at a Title I middle school in the Southern United States [D]. Texas A & M University, 2013: 103.

课程层面的关怀,进一步改进与完善其实施程序。笔者在借鉴上述实施程序优点的基础上,对安斯沃斯与维古特的2.0实施程序进行改进,提出如下3.0实施程序步骤:

## (一)确定并解读单元所需标准

为学习单元选择相应学段、内容领域的课程标准,教师团队达成共识后,从中选择3—5条标准作为单元重点,对其进行解读,使其具体化。为了更好地理解并向学生解释单元学习内容,可确立单元的大观念,并设置3—4个主要问题。

## (二)撰写单元学习目标

通过将单元学习目标书面化,让学生明确单元学习结果及具体的行为与表现,这也成为形成性评价的依据与成功标准。在这当中,大观念极其重要。在地位上,大观念居于学科的中心位置,集中体现学科课程特质的思想或看法;在功能上,大观念有助于设计连续聚焦一致的课程,有助于发生学习迁移;在性质上,大观念具有概括性、永恒性、普遍性、抽象性。大观念由于其居于学科概念的中心地位,因此从操作的角度看,理解与运用大观念则体现了一门学科比较重要的学习目标,它体现了一门学科课程目标或学科核心素养的要求。如果为理解与应用大观念配置相应较为具体的知识与技能目标,那么它们基本等同于单元目标。[①]

## (三)研发单元后测问题及相应评分指南

根据单元学习目标制定单元后测问题,并制定相应的评分标准。

## (四)创设单元前测问题及相应评分指南并开展前测及分析

为获得学生的学习数据,还需要设置单元前测问题及相应的评分指南,以便后续进行前后比较分析。尔后,开展前测活动与分析,了解学生的前期学习基础,为单元教学的开展提供真实依据。

## (五)研制单元教学方案

根据单元学习目标与学生特点制定学习进程,通常情况下一个单元中只存在少数学习进程,一般只需制定一个学习进程,并对本单元的教学进行整体有序的规划与安

---

① 注:单元目标可近似为大观念的学习要求(即理解与应用大观念)、相关知能目标,也可在此基础上加上单元层面的主要问题,本书主要选择后者。具体资料可参考:邵朝友,崔允漷.指向核心素养的教学方案设计:大观念的视角[J].全球教育展望,2017(6):11-19.

排,确定合适的教学策略与进度。在这当中会采取逆向设计、穿插大观念进行单元设计。值得注意的是,单元教学方案不是固定的,可以做一定的调整。

（六）通过听评课研讨学生学习与教师教学问题

针对前测中出现的学生典型学习问题或教师自身求助需要(如不会提问),团队可以开展听评课活动进行研究。这样通过听评课及收集、分析评价数据,发现教学与学习中存在的问题,向教师与学生进行信息反馈,以此调整下一步的教学与评价方向。

（七）改进后测评价设计并开展后测及分析

依据高质量形成性评价标准、反馈的数据及教学改进计划,对所有后测评价问题与评分指南进行调整与完善。进而,开展后测活动并对收集到的学生表现信息进行分析,以便形成后续改进计划。

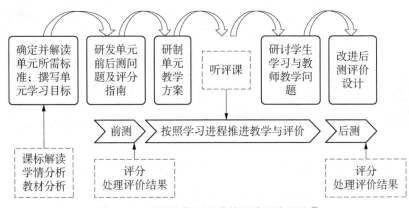

图 4-3　改进的共同形成性评价实施程序①

## 第三节　技术攻坚

在共同形成性评价的行动过程中,涉及了诸多技术,有关键技术加持的共同形成性评价团队方显专业品质,现就其进行详细论述。

---

① 邵朝友,韩文杰.教师形成性评价共同体何以可能:是何、为何及如何[J].未发表,2020.具体实施中,应视具体进行行动,而不是按部就班地按照此程序进行。

## 一、解读课程标准

课程标准面向全体学生提出了基本学习要求与结果,为制定学习目标提供直接依据,但它并未限定具体学习内容,而是为教育工作者提供教学指导,从课程标准到学习目标的制定存在很大的弹性空间。共同形成性评价中评价与教学的设计都是紧紧围绕着学习目标,因此,对单元所需课程标准进行解读是重中之重。课程标准的解读过程,就是团队协作将课程标准中的条目具体化为学习目标的过程,不同学者从不同角度提出解读课程标准的步骤。

表4-2 几种解读课程标准的步骤

| 提出者 | 解读课程标准的步骤 | 备注 |
| --- | --- | --- |
| 安斯沃斯[①] | 1.选择需要分解的内容标准;2.确定内容标准中出现的名词与动词;3.创设结构化图表;4.确定主题或背景 | 适用于具体标准 |
| 朱伟强、崔允漷[②] | 1.分析语法结构和关键词;2.扩展或剖析核心概念;3.扩展或剖析行为动词;4.确定行为条件;5.确定表现程度;6.写出学习目标 | 依据学习目标与内容标准的对应关系进行分解,更适用于复杂的标准 |
| 陈新传[③] | 1. 理解阶段,呈现课程标准<br>2. 解释阶段,处理主要概念性知识;揭示课程标准的概念性知识;加注课程标准未直接标示概念;概念分析<br>3. 应用阶段,选择适当的教材与活动 | 诠释学的角度 |
| 邵朝友 | 1. 呈现课程标准,理解其基本内涵<br>2. 揭示、拓展课程标准基本内涵,明晰解读依据所在;寻找关键词,揭示其基本含义;扩展关键词,形成剖析图;叙写学习目标<br>3. 不断反思前述环节,通过对话形成解读方案 | 综合的观点 |

从上述步骤中汲取精华,结合共同形成性评价中对课程标准解读的要求,提出解读标准一般环节:

---

[①] Ainsworth, L. "Unwrapping" the Standards: A Simple Process to Make Standards Manageable [M]. Englewood: lead+learn press, 2003: 2-20.
[②] 朱伟强,崔允漷.关于内容标准的分解策略和方法[J].课程·教材·教法,2011,31(10):24-29.
[③] 李坤崇.课程标准解读、转化理念及用之综合活动学习领域实例[M].台北:心理出版社,2004:70-120.

**环节一：行动准备。**对课程标准的解读实质是一个创造的过程,这一过程的实现基于教师自身的知识储备,在对课程标准进行详细分析前需进行一系列的行动准备,包括:(1)学情分析,对学生学习现状进行必要的把握,了解学生学习的特点、学习方法、习惯等,必要的时候可以先对学生进行前测,了解学生的学习情况;(2)教材分析,对教材编排意图、教学内容等进行充分的了解,便于选取相适应的标准;(3)理解课程标准的含义,可以用自己的语言说明它具体的检验指标,否则不宜进行该条课程标准之解读,鉴于理解结果并非统一,应透过某种公开的方式,让教师团队共同参与课程标准的讨论,以便从语义、逻辑关系及指涉的范畴三方面检视、诠释内容的正确性并建立共识①。

**环节二：寻找关键词。**从所选课程标准中圈出描述学生应做到的有关技能的动词,划出描述动作所指的学生应该知道的知识与概念的名词及起修饰作用的形容词、副词等。

(Explain) events, procedures, ideas, or concepts in a [historical, scientific, or technical text], including what happened and why, based on specific information in the text.

**环节三：画出结构图。**将上述关键词利用结构图表现出来,对于一些复杂的关键词特别是动词,要揭示其基本内涵,分析其隐含的内容,并对其进行扩展,可以将其分解为更有针对性的动词匹配特定的名词。

表 4-3 概念解读结构图

| 所能<br>(Skills) | 应知<br>(Knowledge) | 情境<br>(Context) | 目标分类<br>(布鲁姆目标分类) |
| --- | --- | --- | --- |
| 解释<br>(Explain) | 基于事件、过程、思想或概念中的特定信息所发生的事情(what happened based on specific information in an events, procedures, ideas, or concept) | 包含在历史、科学或技术文本中的(contained in historic, scientific, or technical text) | 记忆 |
| 解释<br>(Explain) | 为什么基于事件、过程、思想或概念中的特定信息会发生某些事情(why something happened based on specific information in an events, procedures, ideas, or concept) | 包含在历史、科学或技术文本中的(contained in historic, scientific, or technical text) | 理解 |

---

① 李坤崇.课程标准解读、转化理念及用之综合活动学习领域实例[M].台北:心理出版社,2004:70-120.

续表

| 大观念及其学习要求 | 关键信息的寻找与沟通策略识别文本中的关键信息，并有效地与他人进行沟通 |
|---|---|
| 主要问题 | 作为读者，页面上信息的排列方式对我有什么帮助？<br>有哪些策略可以帮我有效组织学到的信息，以便我进行分享？ |

**环节四：撰写目标并分析学习目标的认知水平。**通过上述结构图，学习目标可以基本确定，并对其进行目标分类，可以用修订后的布鲁姆(B. Bloom)教育目标分类法、韦伯(M. Weber)的知识深度模型或者马扎诺(R. J. Marzano)的教育目标分类法表示。该环节对教师提出很高要求，实际操作时教师未必一定要运用某种学习目标分类。事实上，在本第五章案例开发中，就基于实际教师专业水平并没有采取某种学习目标分类。

**环节五：确定大观念及其学习要求、主要问题。**大观念的确定可以帮助学生更好的理解单元的学习，而主要问题的设置服务于对大观念的理解。大观念具有多种表现形式，如一个词或两个词(如平等)、主题(如善良战胜邪恶)、持续的论辩和观点(如保守对自由)、自相矛盾之说(如离家以找寻自我)、理论(如进化论)、背后的假定(如市场机制是理性的)、理解或原理(如形式随功能而定)、一再出现的问题(如我们能进行有效证明吗？)[1]大观念是种观念，可以是理解或创造性地应用等，大观念的学习要求可作为单元总目标，环节四解读出的目标可作为单元分目标。在实际中，一般根据大观念设置2—4个主要问题，对其细化或发挥解释作用。主要问题的设置往往需要是开放性问题，可以引发讨论与辩论，需要运用高阶思维(如分析、推理、评估、预测等)，可在学科内(有时跨学科)进行迁移的重要问题，引发进一步的调查，需要支持和理由而非仅需一个答案，这个问题可以且应该被反复讨论。[2] 主要问题的形成遵循灵活的原则，对于一两个词语或主题类的大观念，可以形成疑问句或再增加相互关联的动词形成问句；对于存在矛盾关系或假定的大观念，可以抓住其中的不确定因素形成问句；对于较为复杂和抽象的大观念，则考虑根据具体内容进行分解和具体化。

---

[1] Wiggins, G. & McTighe, J. 重理解的课程设计(第三版)[M]. 赖丽珍译. 台北：心理出版社, 2011：72.
[2] Winggins, G. & McTighe, J. Essential Questions: Opening Doors to Student Understanding [M]. Alexandria, VA: ASCD, 2013.

## 二、开展逆向单元设计

逆向教学设计(backward design)是由威金斯与麦格泰(G. Winggins & J. McTighe)在20世纪末提出的一种教学设计模式,它有别于传统的教学设计从教材与学情分析出发设置教学活动,而是采取逆向的方式,从预期的学习结果(目标)出发,根据其要求的学习表现倒推评价与教学/学习活动设计,且先于教学/学习活动设计进行评价设计。它大致分为以下三个阶段:(1)确定预期的学习结果;(2)确定合适的评价证据;(3)设计学习体验和教学活动。①

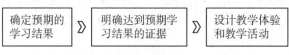

图 4-4 逆向教学设计流程

共同形成性评价中需要进行逆向教学设计,从课程的角度来看,在课程视域下目标是起点,是选择教学经验和指导教学过程以及进行评价的依据,因此从目标或预期的学习结果进行逆向教学设计是符合课程逻辑的,共同形成性评价是基于课程的,它的设计是一个精心规划的过程,需要教师采用一种逆向的方法,在教学之前建立评价②;从教学的角度看,教师的教服务于学生的学,评价是为了诊断学生的学习,了解学生的学习需求及对目标的实现情况,并对教学进行引导,因此教学设计要依循学生的学习展开。遵从逆向教学设计则指向高质、有效的共同形成性评价。首先,它基于标准进行评价、教学与学习活动的设计,可以实现标准-评价-教学-学习的一致性;其次,它提供证据证明学生正在达到预定的学习目标,在这个过程中,不断监测学生的学习,及时发现学习中遇到的问题与困难,迫使教师讨论学生如何学习、常见的误解和帮助学生理解的策略③,学生可以获得更精确、更多样的教学实践,并从

---

① 格兰特·维金斯,杰伊·麦克泰格.追求理解的教学设计(第二版)[M].上海:华东师范大学出版社,2017:19.
② Wiggins, G., & McTighe, J. Understanding by design [M]. Alexandria, VA: ASCD, 2005.
③ Hill, T. C. Common formative assessments developed through professional learning communities (PLCs): A case study to analyze the alignment of curriculum, assessment, and instruction in a math PLC at a Title I middle school in the Southern United States [D]. Texas A & M University, 2013: 32-33.

中受益①,也能促进教学的持续改进。

共同形成性评价中的逆向教学设计主要集中在课程单元层面,表4-4为威金斯与麦格泰提供的单元设计范例②,从中可以更为明晰逆向教学设计是怎样进行的。在确定学习目标阶段,即明确学生应该理解什么,什么内容值得学生理解,期望学生理解哪些大观念及主要问题,应该掌握哪些应知应会。在设计评价活动阶段,即寻找证据证明学生正在达成预期学习目标,往往需要设计表现性任务和其他任务以实现对"理解"类目标达成情况的评价。在安排学习活动阶段,则是确定哪些教学/学习活动可以让学生达成预期学习目标,教师需回答表4-4中详列的WHERETO问题。

**表4-4　逆向教学设计的范例**

| 阶段一:确定学习目标 ||
|---|---|
| **既有的学习目标(Established Goals):**<br>这项课程设计工作处理哪些相关的目标(如学科课程标准) ||
| **理解(Understandings):**<br>学生将会理解……<br>1. 哪些是大观念?<br>2. 期望学生理解的是哪些具体的大观念? | **主要问题(Essential Questions):**<br>哪些有启发性的问题可以增进探究、增进理解、增进学习迁移? |
| **学生将知道……(Student will know...)**<br>通过本单元的学习,学生将知道哪些什么,能做什么?<br>…… | **学生将能够……(Student will be able to...)** |
| 阶段二:设计评价活动 ||
| **表现性任务(Performance Tasks):**<br>1. 学生将通过哪些真实的实作任务来表现期望的学习结果?<br>2. 理解能力的实作表现会以哪些标准来判断? | **其他证据(Other Evidences):**<br>1. 学生将通过哪些其他的证据(如随堂测验、正式测验、开放式问答题、观察报告、家庭作业、日志等)来表现达成期望的学习结果?<br>2. 学生将如何反思及自我评价其学习? |
| 阶段三:安排学习活动 ||
| **学习活动(Learning Activities):**<br>哪些学习活动和教学活动能使学生达到期望的学习结果? 这项课程设计需要回答:<br>W=如何帮助学生知道这个单元的方向和对学生的期望? 帮助教师知道学生之前的知识和兴趣(where)? ||

---

① Frey, N., & Fisher, D. Using common formative assessments as a source of professional development in an urban American elementary school [J]. Teaching and Learning Education, 2009, 25(5): 674-680.

② Winggins, G. & McTighe, J. 重理解的课程设计——专业发展实用手册[M]. 赖丽珍译. 台北:心理出版社, 2008: 7-14.

续表

> H＝如何引起(hook)所有学生的兴趣并加以维持(hold)？
> E＝如何使学生做好准备(equip)，帮助他们体验(experience)关键概念的学习并探索(explore)问题？
> R＝如何提供学生机会以重新思考(rethink)及修正(revise)他们的理解和学习？
> E＝如何促进学生评价(evaluate)自己的学习及学习的涵义？
> T＝如何按照学习者的不同要求、不同兴趣、不同能力进行因材施教(tailor)？
> O＝如何组织(organize)教学活动，使学生的专注和学习效能达到最大程度并得以维持？

从上述范例中得到启示，在共同形成性评价中进行逆向单元教学设计需要遵循目标确定-评价设计-学习设计的思路。目标的确定，需教师团队根据课程标准确定单元学习目标，即对课程标准进行解读，上一关键技术中进行了详细的解释。评价的设计，则需要教师团队牢记本单元的预期学习结果或学习目标，清楚学生达成目标的表现并以此作为评价的质量标准；评价任务的设置要合理，通过多元的方式全面收集学生达成学习目标的证据，发现学生学习中的问题，促使学生反思自己的学习表现，换句话说，就是评价的设计要促进学习；评价活动需嵌入教学活动之中，两者的分离就失去了设计的意义，难以实现学习的促进；对收集到的证据进行形成性的分析，及时发现问题、及时反馈、及时改进。学习的设计，主要结合上述两个阶段确定哪些学习/教学活动可以帮助学生更好的达成预期的学习结果并促进学生的学习，在这个过程中也需对学情、教材等进行把握，上述范例中给出了一种设计的依据，但实际操作过程中并非一定如此操作，可以灵活选择与变换。

### 三、组织听评课活动

共同形成性评价中教师团队合作设计评价与教学是其重要的一个特征，在学生学习的过程中，进行听评课活动也是非常必要的一环。究其原因，首先，共同形成性评价最终的目的是实现学习改进，达成这一目的的条件之一是教学改进，那么就需要发现教学中的问题，以及学生学习中的困难与问题，并及时应对；共同形成性评价中，基于课程标准设计评价与教学，教学的目标是明确的，听评课是有方向、有重点的；其次，进行共同形成性评价的教师团队具备专业听评课的条件：参与人员拥有共同愿景，自愿合作与分工，深入参与，了解课堂，不是盲目的听评；教师团队中人员构成具有层次，可以在听课时学习经验,在评课时也更为专业,教学教练可对其进行相应有效指导,更可以带领教师研究课堂教学与评价,保证听评课的质量。在共同形成性评价实施过程中,教学与评价是紧密结合,甚至是互相嵌入的,因此,有效的听评课可以达成多重改进。

优质的听评课活动要求教师团队听课有合作,评课有证据,听评课有研究。目前国内外存在几种典型模式。日本鼓励教师自愿参与授业研究,进行广泛的听评课,基本步骤包括①(图 4-5):(1)设计阶段:教师团队根据课程标准及教学实际中发现的学生学习的问题确定研究的问题或主题,合作进行教学设计,并制定相应的会议计划;(2)实施阶段:授课教师进行授课,其他团队成员对课堂进行全面有序观察,并通过各种方式收集课堂观察的信息;(3)对话阶段:课后教师团队根据不同的研究问题或主题在会议上进行分组讨论,对授课教师提出修改意见,授课教师则反思自己的教学并提出对大家意见的认识;(4)实践记录阶段:教师团队记录教学设计、学生的学习及听取改进意见后对教学的认识。这四个阶段构成一个循环的过程,在第二次循环中将教学改进付诸实践。

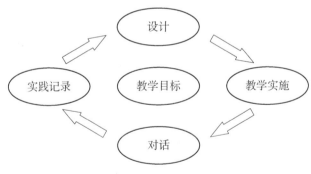

图 4-5 授业研究流程图

上海地区则提出了行动教育的模式,围绕教学实践中的真实问题进行"三段两思","三段"指三个授课阶段,每一阶段中教师团队都进行观课与评课,观评后根据讨论结果修改、调整教学设计,然后再在平行班中授课,在三个授课阶段之间包含更新理

---

① 邵朝友,朱伟强. 以课例研究为载体开展学情分析[J]. 中国教育学刊,2015(2):73-76.

念和改善行为两次反思(图4-6)。

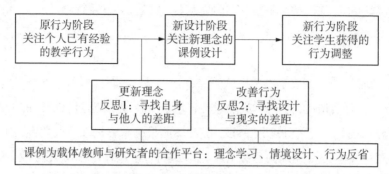

图4-6 行动教育流程图

香港地区则依托听评课进行课堂学习研究(图4-7),基本步骤包括①：(1)选定课题并初拟学习内容；(2)确认学习内容；(3)教学的设计与实施：授课教师根据变易理论设计教学,其他团队成员进行课堂观察；(4)教学评价：将后测中的学习成效与前测中的学习困难进行比较分析,教师团队给出相应改进意见；(5)撰写报告及分享结果。

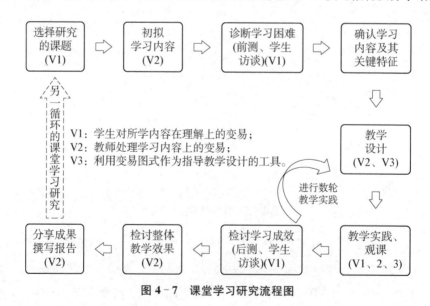

图4-7 课堂学习研究流程图

① 卢敏玲,庞永欣,植佩敏.课堂学习研究——如何照顾学生的个别差异[M].李树英,郭永贤译.北京：教育科学出版社,2006:32-33.

在这一流程,教师团队进行听评课主要针对的是学生学习中遇到的困难与问题,以此来应对学生的个别差异。

面对我国传统听评课中存在的"去专业"现象,崔允漷则提出了课堂观察LICC范式①,包含4个要素20个视角和68个观察点(图4-8),同时他还规定了课堂观察的程序:(1)课前会议:授课教师分享教学设计的内容,以便确定观察点;(2)课中观察:观察教师利用观察工具进行对课堂进行观察和记录;(3)课后会议:对观察结果进行讨论与反思,提出指向教学改进的对策和建议。同样是指向教学改进的听评课程序,周坤亮则将其描述为:发现共性问题,针对共性问题进行教学改进,形成问题解决的经验②。

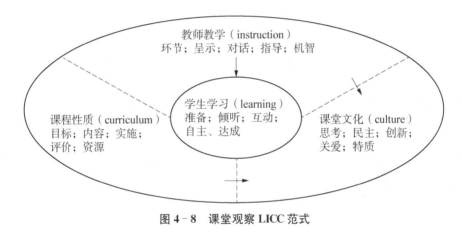

图4-8 课堂观察LICC范式

从以上模式和范式中,归纳总结出共同形成性评价中进行的听评课需要具备的基本阶段:

**准备阶段**。在共同形成性评价中听评的内容源自在前测或教师团队共同研制单元教学方案以及在授课过程中,发现的学生学习可能或已经存在的学习困难与问题。为了进行有效的听评,教师团队需在课前进行会议交流,明确本堂课的基本情况,包括学情与教材分析、学习目标、学习活动设计、评价设计等,为在实施与对话阶段中进行有针对性的听评做好准备。

---
① 崔允漷.论课堂观察LICC范式:一种专业的听评课[J].教育研究,2012,33(5):79-83.
② 周坤亮.指向课堂教学改进的听评课[J].教育理论与实践,2011,31(26):52-53,61.

**实施与对话阶段**。教师深入课堂,进行全面的观察,根据听评的内容确定观察角度,可依据上图提供的观察角度,始终以学生学习为中心。再开发结构性与非结构性相结合的课堂观察工具,并通过录音、录像、笔记、观察表、复现型教案等方式记录,以便为后续的研讨与改进提供可靠证据。在课堂观察结束后汇总观察结果,教师团队进行对话,指出教学与学习中存在的不足。

**改进阶段**。教师团队合作设计教学改进方案,教学教练对其提供理论与实践方面的指导。改进方案既可以由被听课教师自己来落实,也可以由参与听评课的其他教师来落实,即被听课教师或其他教师就相同的或不同的教学内容在别的班级里再上课,或就不同的教学内容在同一个班级里再上课。①

**反思与分享阶段**。形成教学改进后,最终要实现学生学习的改进,教师需在前述活动结束后进行反思,反思教学设计与改进方案的合理性,反思自身与其他团队成员的差距,并分享在教学改进中的成功经验,为后续的教学与听评课提供借鉴。

上述这些理论可以相互补充,它们丰富了听评课的理解,为听评课提供了可操作的方法与技术。在第五章共同形成性评价实践中加以运用,主要采取授业研究,但也吸取了其他理论的主要精神,如采纳了课堂观察,聚焦于某个学生学习的某个方面。

## 四、实施评分工作

对评价问题进行评分是共同形成性评价中非常重要的环节,通过评分教师及时获得评价数据为下一步的教学计划提供信息,学生也可以及时反思自己的学习表现,调整学习策略。开展评分主要包括两个方面:

(一)制定评分指南

评分指南用具体、客观的术语表述共同形成性评价中评价问题的答案要求,它在进行前后测前呈现,使学生更为明确需要达到的预期学习结果。评分指南的制定一般遵循两种方法,自上而下的方法是从一个理论框架出发,确定需要评价的重要学习目标的维度,进行评分指南的开发;自下而上的方法是从学生作品的样例开始,根据不同

---

① 周坤亮.指向课堂教学改进的听评课[J].教育理论与实践,2011,31(26):52-53,61.

质量水平的样例特征来界定评价的维度与指标。① 邵朝友则综合上述两种方法,结合实际提出了如下开发程序:准确把握课程标准;确定评分维度与要素;确定各要素的子要素及其不同表现特征;选择评分规则类型;进行等级描述;拟定评分规则;不断修正、完善评分规则。② 在实践中制定评分指南并不是一定要依照固定的程序,但是不能忽略学生表现程度的区分、各表现水平的特征、对评价问题的匹配、评分的客观性等关键方面。因此,在共同形成性评价中制定评分指南,要求教师团队对以下几个方面进行讨论并达成共识:

1. 为期望的学生表现确定标准。教师团队对熟练掌握所代表的程度达成共识,确定达成学习目标应该属于什么层级的熟练程度,即为评分等级确定基准。

2. 确定评分等级的数量。对于简答题,学生的回答简洁且开放程度不高,可以设置三级水平:正确、部分正确和不正确;而对于回答内容较多的主观题,通常设置四级水平。这四个水平的设置可以分为两个更明了的水平,即实现学习目标和超越学习目标,然后对其进行分解与合理分配。而对于更复杂的问题,可以设置更多层级的表现水平,从实际考虑,为了便于快速获知学生表现,评分等级一般不超过 7 个。

3. 描述评分等级。首先需要确定评分等级的名称,可以用数字表示,如"3 - 2 - 1",也可以用短语表示,如"达标"。其次,对评分等级进行解释,区别各等级的差异,可以先从期望所有学生必须达到的水平等级开始进行上下加减,也可以从最高水平开始递减,或从某个知识主题罗列出所有维度,用程度副词或形容词描述每个维度③。

4. 选择评分指南类型。按照评价的方式和指向,一般分为整体、专项评分指南;通用、指向特定任务的评分指南。整体评分指南从整体上对学生的不同表现水平进行描述和评价,分项评分指南对学生表现的不同维度进行评分;通用评分指南在相似的任务中通用,指向特定任务的评分指南只应用于一项任务。④ 对于回答内容较多的主观题,一般选用整体评分指南,无论简答题还是回答内容较多的主观题都选用指向特定任务的评分指南,而对于回答大观念的主要问题则一般选用通用评分指南,因为它

---

① 周文叶.学生表现性评价研究[D].上海:华东师范大学博士论文,2009:112-115.
② 邵朝友.评分规则开发与应用研究[D].上海:华东师范大学硕士论文,2007:16-28.
③ 邵朝友.评分规则的理论与技术[M].杭州:浙江大学出版社,2018:50-52.
④ 邵朝友.评分规则开发与应用研究[D].上海:华东师范大学硕士论文,2007:23-26.

可频繁多次使用,且在每个单元都需回答大观念及其主要问题。

5. 定量与定性规则相结合。评分指南需要混合定量规则与定性规则,学生达到任一规则的要求,那么他表现出的结果就是可观察、可测量的。① 定量规则即在规则中加入特定的数字或数量,如提供两个案例;定性规则的描述则要求不能加入主观术语,也需让学生清晰理解,不能含糊不清。

简要地说,在共同形成性评价根据评价问题制定评分指南,首先需准备好选择题的参考答案来给选择题打分;接下来,为每个简答题编写一个三级评分指南;然后为回答内容较多的主观题创建一个四级评分指南;最后,创建一个通用的评分指南来评价学生对有关单元大观念的主要问题的回答。

(二)完善评价问题与评分指南

在共同形成性评价中利用评分指南对评价问题的回答进行评分,但是在这个过程中,可能会发现评价问题的设置无法对预期目标进行准确、全面的评价,或者进行相应的教学与学习改进,这时就需要对评价问题进行修正与完善,评价问题的改动在某种程度上也会引发评分指南的改动。同时,在应用评分指南时还会存在评分指南对评价问题不完全适用的情况,比如等级或分数赋值设置不够合理、表述不够清晰等,教师团队需要再次进行有针对性的修改。评价问题的设计与相应评分指南的制定都是一个不断完善的过程,在共同形成性评价中进行合理有效的评分活动,才能真正服务于学生的学习改进。

## 五、处理评价结果

在共同形成性评价中,对评价问题的回答进行评分后,形成大量数据,这是检测共同形成性评价质量、发挥共同形成性评价效用的关键。教师团队处理评价结果,主要是指有效使用数据作用于教学与学习改进。其支持条件主要包含两个方面:其一是学习目标,评分指南是收集与编译评价数据的便利工具,它的制定依据学习目标,而对评价数据进行理解并确定下一步教学计划仍需依据学习目标;其二是资源保障,共同

---

① Ainsworth, L., & Viegut, D. Common formative assessments 2.0: How Teacher Teams Intentionally Align Standards, Instruction, and Assessment [M]. Thousand Oaks, CA: Corwin Press, 2015: 136.

形成性评价团队对评价结果的处理需要进行对话,提供充足时间与专家指导是不可缺少的。

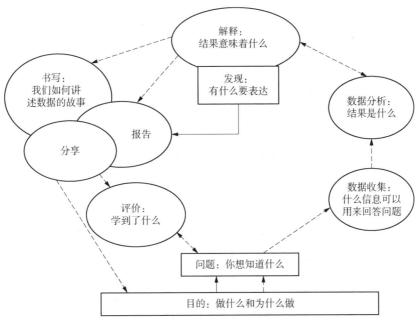

图4-9 数据分析的循环过程

有研究指出数据分析是一个过程,它包括许多关键组件:目的;问题;数据收集;数据分析;解释;书写、报告、分享;评价。这些组件可以构成线性或循环的过程,从目的出发确定想要知道的问题,依此进行数据收集、分析,并对数据进行解释,书写、报告、分享结果,最后对先前步骤进行评价以审思其有效性。相比而言,如图4-9所示的循环过程较线性,过程更为灵活且符合实践中数据分析的实质。汉密尔顿(L. Hamilton)等人也认为数据的使用作用于教学改进是一个循环的过程,包括三部分:收集和准备有关学生学习的各种数据;解释数据并提出关于如何提高学生学习的假设;修改教学,以测试假设并提高学生的学习[1]。努尔蒂和贝瑟(B. A. NcNulty, &

---

① Hamilton, L., Halverson, R., Jackson, S., Mandinach, E., Supovitz, J., & Wayman, J. Using student achievement data to support instructional decision making [M]. national center for education evaluation & regional assistance, 2009: 10.

L. Besser)则提出了团队利用数据的过程,称为数据团队模式,它是一个包括四个步骤的循环往复过程:收集数据和绘制数据图表;设定结果指标;团队反思教学策略并进行修正;团队监控这些策略的影响以及它们对学生学习的影响。①

从上述研究中得到启发,处理共同形成性评价结果的过程也应该是一个循环的数据处理过程,主要包括以下步骤:

**收集数据,绘制数据图表。**数据收集前可以先制定一个收集计划,明晰需要多少数据,收集哪种类型的数据,如何编译数据及储存等。在共同形成性评价中,主要通过多形式的评价问题收集数据,在有条件的情况下收集的数据尽可能全面简洁以便分析。为了直观地观察数据的全貌,可以通过绘图软件绘制图表,展示数据的分布特点。

**分析数据,进行教学解释与反思。**数据收集后需要进行分析,明晰数据表示的结果,在共同形成性评价中主要是明晰学生对学习目标的达成情况以及在学习中存在的问题。在获得结果后,重点是要对数据进行解释与决策。教师对数据的理解会极大地影响数据如何用于改进教学②。在这个过程中,首先需要呈现分析结果;然后需要提供其他信息,以便将结果置于相关情境中更好地理解分析结果,比如对班级总体数据结果及每道评价问题数据结果进行呈现后,有时还需要提供学生的基本信息(性别、年龄等)等;再就是汇集教师团队中对于结果解释的观点,并通过相应的方式解决分歧,形成统一的解释,在各自解释与形成统一解释的过程中,教师需对自身教学进行反思,发现教学中存在的问题与不足,而对于结果的统一解释中包括所发现的学生学习与教师教学两方面的问题;最后教师需要针对这些问题进行思考,主要在教学的层面提出为什么学生在这些问题中表现欠佳。

**反馈数据,调整教学与学习。**针对教师团队发现的问题形成反馈,一方面是向学生进行反馈,另一方面是教师的自我反馈。反馈的目的是形成数据驱动的决策,发现最有可能提升学生表现、协助大多数学生得到最好教学结果、推动追求公平和优异的

---

① NcNulty, B. A., & Besser, L. Leaders make it happen! An administrator's guide to data teams [M]. Englewood, CO: The Leadership and Learning Center, 2011.
② Goertz, M. E., Olah, L. N., Riggan, M. Can Interim Assessments Be Used for Instructional Change [J]. Consortium for Policy Research in Education, 2009: 12.

长期目标发展[1]。教师根据反馈数据修改下一步的教学计划,调整教学内容,改变教学策略与方式,学生则明确自身学习结果以及调整学习方式和方法。

**监控改进的影响,对评价数据再处理。** 在共同形成性评价中,处理评价结果的最终期望是改进,但改进是一个周期性、持续性的过程,没有明确的开始和结束,符合PDCA循环:计划(plan):制定改进计划;执行(do):执行计划;检查(check):根据学习目标评价其影响;处理(act):调整策略以更好地实现学习目标。[2] 因此在改进方案实施中,教师团队同样需要全程监控,进行评价,对评价结果进行再处理。

---

[1] Reeves, D. Finding your leadership focus [M]. New York: teaching college Press, 2011: 24.
[2] Rinehart, G. Quality education: Applying the philosophy of Dr. W. Edwards Deming to transform the educational system [M]. Milwaukee, WI: ASQC Quality Press, 1993.

# 第五章

共同形成性评价的案例研究

前述几章论述了共同形成性评价的内涵、运行机制、框架与技术,为共同形成性评价的实施提供了知识基础。本章将选取H市B学校三年级为研究对象,以"多位数乘一位数"为载体,进行案例设计、实施与整体反思,探索共同形成性评价的实际开展过程。

# 第一节 案 例 设 计

确定案例设计目的、样本与主题选择以及人员与信息收集,为后续研究提供逻辑依据。

## 一、设计目的

目前我国未曾开展过共同形成性评价相关实践,那么前文所述的内在理路以及改进的行动框架能否指导本土实践成为备受关注的话题。因此借助案例探究共同形成性评价在本土开展中可能存在的问题、遇到的困难,为后续相关研究与实践提供案例参考和经验。

## 二、样本与主题

B校为H市一所民办学校,师资力量雄厚,教育理念先进,致力于培养学生的发展核心素养。因B学校有相关项目在进行,特在B学校开展案例研究,一方面是出于研究的便利,可以节省教师团队组建以及相关技术培训的时间;另一方面是保证研究的实际效果,收集第一手资料与信息。协调学校课程安排和教学进度,案例选取统编版小学数学三年级第六单元,本单元主题为"多位数乘一位数"。此单元为运算单元,它的前续单元为二年级上册的"表内乘法"单元,后续单元为三年级下册的"两位数乘两位数"单元,对学生掌握多位数乘法的算理算法至关重要。这一单元是在学生已经熟练掌握了表内乘法,能够正确地口算百以内加、减法的基础上进行教学的,教材中的例题结合具体的情境呈现,计算知识的学习需要学生对情境中的信息进行分析,同时,这一单元注重通过直观操作帮助学生理解算理,对解决问题也进行了系统编排,通过提供教学思路、清晰的线索,提供丰富的解决问题的方法,体现解决问题策略的多样性。

### 三、人员与信息收集

共同形成性评价教师团队共 8 人,包括 7 位数学教师和 1 位大学教授,男女比为 3∶1。7 位数学教师均为本科学历,24—34 岁的青年教师 6 人,但是其任教时间和工作经验富有层次,教龄在 0—2 年的教师有 2 位,3—5 年的教师有 2 位,6—10 年的教师有 1 位,15 年以上的教师有 2 位。其中,一级教师 2 位,二级教师 4 位,1 位教师暂未评定职称。在任职方面,有 1 位教师担任年级组长,2 位教师担任班主任,其余教师为普通任课教师。在 7 位教师中,有 2 位教师任教过 1—6 年级,3 位教师曾任教 1—3 年级,2 位教师任教曾任教 1 年级。教师团队中有 1 位教师获得过省级数学文化课二等奖、省级数学游戏课、校级赛课数学组一等奖,1 位教师获得过区优秀教师荣誉。教学教练为大学教授,博士学历,有 13 年中学教学经验,在共同形成性评价、课程与教学领域发表多篇优质文章,并出版多本畅销著作。

本案例自 2020 年 9 月初开始联系推进,9 月 30 日正式开始进行,12 月 4 日结束,历时 2 个月余,主要采用观察、访谈等方式收集第一手资料和相关数据。

## 第二节 实 施 过 程

根据实际情况,本案例的实施主要分为组成教师团队并进行关键技术培训、解读课程标准、研发单元前后测问题及评分指南、进行前测及前测分析、研制单元教学方案、开展听评课活动、完善单元后测试题及评分指南、进行后测及后测分析,共 8 个环节。在每一环节中,观察、记录教师团队进行合作的过程以及出现的困难与问题,同时关注每一环节中的结果产出,并通过面对面访谈和微信平台进行交流和数据采集。

### 一、组成教师团队并进行关键技术培训

结合案例开展的学校实际情况,在教师自愿的基础上,于 2020 年 9 月 12 日确定

了数学教师团队成员,团队小组领导 L 教师①当即建立微信群,为后续交流提供便利。9 月 30 日下午,各成员在活动教室进行了第一次会议,此次会议的主题是制定团队合作契约,L 教师主持会议,会议用时 40 分钟。在制定合作契约的过程中,团队小组领导带领团队成员明确了团队目标,即自愿加入团队,相互尊重,相互信任,相互支持,平等对话,共同成长;认同共同形成性评价的理念,持续追求学生学习改进,不断提升自身教学与评价素养。为实现这一目标,团队成员共同制定了如下合作契约:(1)消除既定行政角色的影响,共同承担责任,进行自主管理,服务于团队发展。其中教学教练全程跟进共同形成性评价的设计与运行,及时提供理论与实践指导,确保共同形成性评价开展的效果和质量;团队小组领导负责日常行动事务,汇总成员意见,规范成员日常行为,每周至少组织一次超过 30 分钟的会议或活动交流;其他成员结合自身专长自觉承担团队内其他各项任务。(2)以共识的方式团队共同开展行动,这包括:合作解读课程标准,进行教材分析、学情分析,撰写学习目标并确定单元大观念与主要问题;集体研制单元前、后测问题,并制定相应规则对学生答案进行评分,以确定学生对目标的达成程度;合作逆向设计单元教学方案,将评价任务嵌入教学/学习活动之中;定期开展听评课活动,聚焦设计与进行教学/学习过程中存在的问题和困难,进行深入的课堂观察,在课后及时讨论、改进措施;一起处理评价结果,分析并及时反馈数据信息,随时了解学生的学习情况,利用数据进行教学决策,调整教学计划、改进教学方法。(3)积极参与团队内开展的各项活动与事务,准时参加,不得无故缺席,并提前做好相关行动准备,在会议中积极发言、做好总结与记录。(4)充分利用团队内资源共同学习,共享知识与经验,进行深入地思考与创新,批判性反思自身教学实践,促进专业发展。(5)鼓励学生参与评价,并学会利用评价信息及时了解与改进自身学习。(6)协调校内资源,选取会议室、书吧、三年级教师办公室、教室作为教师团队开展活动的固定场所,团队合作开展活动的固定时间为每周三上午十点至十一点。

此团队教师年龄分布均衡,有新手教师,也有教学经验丰富的教师,且大部分成员在之前有合作的基础,已经形成一定的合作默契。同时,参与教师对于教材分析、学情分析得心应手,对于听评课也有一定的基础,因此 2020 年 10 月 10 日上午 9:00—

---

① 为保护个人信息,参与教师均不出现真实姓名,以姓名首字母代替。

11:00,教学教练重点培训课程标准分析、大观念及主要问题的确定以及逆向单元教学设计、评分和处理评价结果等关键技术,并为教师提供了相关案例与书籍以便学习和参考。

## 二、解读课程标准

经培训,各教师熟练掌握了解读课程标准的技术,所有教师团队成员利用空余时间分别进行学情分析、教材分析与课程标准分析①,并思考单元大观念与主要问题,撰写教学目标。团队成员完成课程标准解读后,于 2020 年 10 月 14 日在会议室召开会议,主要讨论各位教师进行课程标准解读的成果,教师团队全体成员参加,L 教师主持会议。Z 教师自告奋勇首先分享了自己的成果,在此基础上,其他团队成员提出修正和补充意见。会议用时 35 分钟。

### (一)学情分析

Z 教师从学生的先验知识和可能存在的学习困难出发进行学情分析,并指出对学生进行教学时所侧重的方面。其他团队成员一致认可,学情分析如下:

学生已熟练掌握了表内乘法,并学会了口算 100 以内加、减法。学生在表内乘法的基础上,继续学习用一位数乘整十、整百数比较容易接受,但重点不是整十、整百的两位数乘一位数,而是多位数乘一位数。对于进位学生容易忘记,或忘记加进位的数。因此,应从学生的具体情况出发,有针对性地进行教学,侧重于引导学生探究算理和算法。同时在活动中,让学生体会到乘法计算并不是孤立存在的,而是蕴含在许多现实情境中的问题,从而使学生体会数学知识与现实生活的密切联系。

### (二)教材分析

Z 教师从单元角度出发,点明了单元主要教学内容,并结合学生实际情况,提出了教学重难点,并确定了本单元需要落实的数学学科核心素养"数学运算"。教学经验丰富的 K 教师提议将本单元的教学内容用表格的方式呈现出来,以便后续的内容整合和课时安排。形成如下教材分析:

本单元是在学生已经熟练掌握了表内乘法,能够正确地口算 100 以内加减法的基

---

① 在相关研究中,一些学者把学情分析、教材分析、课程标准分析分为三个部分,我们在解读课程标准时,选择将三者融合在一起,有些学者,如朱伟强也做了如此处理,详见:朱伟强.分解课程标准的意涵和取向[J].全球教育展望,2011,40(10):12-16.

础上进行教学的,主要内容包括口算乘法和笔算乘法两部分。其中口算乘法中包括整十、整百、整千数乘一位数和两位数乘一位数(不进位);笔算乘法中包括多位数乘一位数(不进位、不连续进位、连续进位)、有关"0"的乘法、乘法估算与实际应用、乘除法混合运算及其实际应用。本单元的每一例题都安排了具体情境,每一计算知识的学习都是在对情境中数学信息的分析基础上进行的,注重通过直观操作帮助学生理解算理。同时,与本单元直接相关的后续单元是三年级下册的"两位数乘两位数"单元。

本单元教学重点:多位数乘一位数的笔算,它是多位数乘法的基础。

本单元教学难点:多位数乘一位数中连续进位。

本单元的教学内容分三个层次:(1)口算乘法;(2)笔算乘法(教学重点);(3)解决问题。

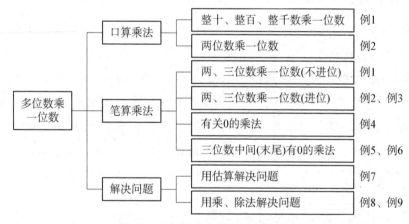

图 5-1  多位数乘一位数单元教学内容

(三) 课程标准分析

根据本单元的主题内容及学生学习特点,Z教师从《义务教育数学课程标准(2011年版)》中选取的如下课程标准:

1. 掌握必要的运算技能,能准确进行运算。(p10 知识技能1)

2. 在对运算结果进行估计的过程中,发展数感。(p10 数学思考1)

3. 能口算一位数乘两位数。(p17 数的运算2)

4. 能计算一位数乘两位数和三位数的乘法。(p17 数的运算3)

5. 能结合具体情境,选择适当的单位进行简单估算。(p17 数的运算 6)

6. 运用数及数的运算解决生活中的简单问题。(p17 数的运算 8)

因所选课程标准含义明确,教师团队都可充分理解并指出其中的检验指标。但是大部分教师认为此单元的关键应该集中于数学的运算,鉴于目前所选内容标准较多,因此删除第 2 条标准。Z 教师采用画关键词的方法,将内容标准中的应知、所能及情境分别用横线、椭圆、中括号标记出,展示如下:

1. (掌握)[必要的]运算技能,能[准确](进行)运算。(p10 知识技能 1)

2. 能(口算)一位数乘两位数。(p17 数的运算 2)

3. 能(计算)一位数乘两位数和三位数的乘法。(p17 数的运算 3)

4. [能结合具体情境],[选择适当的单位](进行)[简单]估算。(p17 数的运算 6)

5. [运用数及数的运算](解决)生活中的简单问题。(p17 数的运算 8)

教学教练提出"运算"、"估算"等词实为动词,是学生所能,而不是应知。而对于本单元的大观念及主要问题,Z 教师未能给出,引发了团队成员的讨论,最终确定"运算"和"解决问题"为本单元的关键词,由此将大观念及其学习要求暂时确定为:运算技能:掌握必要的运算技能,能准确进行运算,并能解决简单的实际问题,主要问题确定为:"掌握哪些运算技能,才能准确计算多位数乘一位数的乘法?"和"如何运用估算和乘、除法的运算,解决简单的实际问题?"形成了第一次会议的课程标准解读结构图。

表 5-1 课程标准解读结构图

| 所能 | 应 知 | 情 境 |
| --- | --- | --- |
| 掌握<br>运算<br>口算<br>计算<br>简单估算<br>解决 | 运算技能<br>一位数乘两位数<br>一位数乘两位数和三位数的乘法<br>生活中的简单问题 | 必要的<br>准确<br>结合具体情境、选择适当的单位<br>运用数及数的运算 |
| 大观念 | 运算技能:掌握必要的运算技能,能准确进行运算,并能解决简单的实际问题 | |
| 主要问题 | 掌握哪些运算技能,才能准确计算多位数乘一位数的乘法?<br>如何运用估算和乘、除法的运算,解决简单的实际问题? | |

在进行了教材分析、学情分析和课程标准分析后,本次会议确定了如下单元教学目标:

1. 能够比较熟练地口算整十、整百、整千数乘一位数,两位数乘一位数(不进位)。

2. 经历多位数乘一位数的计算过程,明白竖式中每一步计算的含义,掌握多位数乘一位数的计算方法。

3. 能够结合具体情境,选取恰当的策略进行乘法估算,并说明估算的思路。

4. 能够运用所学知识解决日常生活中的简单问题,提高解决问题的能力。

(四)确定单元大观念的学习要求及主要问题

由于与会人员不满意上次会议所确定的大观念及主要问题,约定查阅相关资料后再做一次讨论。于10月16日在会议室进行了简短的会议,全体成员参加会议,会议用时15分钟。

在会议开始之初,L教师直奔主题,让大家对于单元大观念及主要问题各抒己见,D教师指出,从课程标准入手,建议在所选课程标准中再添加一条标准:运算能力主要是指能够根据法则和运算律正确地进行运算的能力。培养运算能力有助于学生理解运算的算理,寻求合理简洁的运算途径解决问题。(p6)这条标准与所选学科核心素养紧密相关,并再一次指出了运算能力的重要性,提出算理、算法才是本单元的重点,其他教师也在相关文献中找到了佐证,因此将单元大观念修改为:"乘法是加法的简便运算;笔算就是记录计算过程。"并提出本单元的总目标应该确定为:结合不同的具体情境和具体问题,借助旧知有效迁移,理解算理,掌握算法。会正确计算多位数乘一位数,解决相关的实际问题。而之前第一次会议确定的四条单元教学目标地位下降,被作为掌握该总目标的知识基础,它们共同构成了单元目标。K教师也指出乘法的背后是加法的思想,而本单元的口算、笔算、估算都是在学习乘法算理、算法,学会之后才能应用于解决问题之中。教学教练建议将第一次会议确定的目标作为单元分目标,因为它们更为详细和具体,能够更好地指导学生的学习。

### 三、研发单元前后测问题及评分指南

10月16日会议在L教师的主持之下,确定了下一步的工作任务,即研制单元前

后测问题与评分指南。L教师有较为丰富的教学经验,K教师多次参与单元后测试题的制定,因此,L教师负责单元前测问题的制定,同时L教师与K教师共同制定单元后测问题,J教师则主要负责前、后测评分指南的制定。10月21日,单元前后测试题研制完成,L教师与K教师将其在微信群中进行分享,供J教师制定评分指南。其后,评分指南制定完成后也在微信群中分享,其他团队成员认真阅读并积极提出改进意见。

（一）研制单元后测试题

单元后测试题,见附录B,包含客主观题、客观题,主要考查学生对基础知识的理解和掌握,对多位数乘一位数的口算、笔算、估算和解决问题的灵活运用情况,共六种题型,分别是填空10题、判断5题、选择6题、在○里填上＞、＜或＝以及计算4题和解决问题5题。其中,填空与判断题,主要考查学生对于乘法的意义、乘法计算、中间(末尾)有0的乘法、积最大最小的规律、估算的应用等知识的掌握；选择题涉及归一归总问题、估算的取值、乘法计算、乘法算式谜等。在○里填上＞、＜或＝主要考察积的大小比较,计算题则包括口算、竖式计算、递等式计算、乘法算式谜,既考察多位数乘一位数的口算,又考察笔算与两步计算,解决问题则重点解决归一归总问题、估算问题、两步计算问题和倍数问题。后测试题类型多样,考察知识点全面。

（二）制定后测评分指南

后测试题满分100分,其中填空题1空1分,判断题1题2分,选择题1题2分,在○里填上＞、＜或＝,计算题中的口算,1题0.5分,均设置正确与错误两个评分等级；乘法数字谜每小题2分,共4小题,总分8分,同样设置正确、错误两个评分等级,全部方框内数字填写正确得2分,任一方框内数字填写错误不得分。竖式计算与递等式计算,则每小题2分,每大题8分,共16分,如表5-2所示,包含正确、部分正确和错误3个评分等级,但每一等级的描述根据题型和考察的重点有所区别。竖式计算涉及数位与进位,计算结果正确与否等方面,递等式计算则涉及计算顺序的问题,两步计算中一步计算正确则得1分。解决问题每题5分,总分25分,如表5-3所示,由于考察层面较多,设置了4个评分等级,分别赋分5分、3分、2分、0分,计算结果错误或答题不规范扣2分,只列出部分算式且所列算式计算结果正确扣3分。

表 5-2　竖式计算与递等式计算题评分指南

| 评价项目 | 评分规则 | | |
|---|---|---|---|
| | 正确(2分) | 部分正确(1分) | 错误(0分) |
| 竖式计算 | 1. 数位对齐；<br>2. 标记进位；<br>3. 答案正确且写入对应等式中。 | 1. 数位对齐；<br>2. 未标记进位或未将答案写入对应等式中。 | 1. 答案计算错误。 |
| 递等式计算 | 1. 计算顺序正确(先乘除后加减)；<br>2. 计算结果正确。 | 1. 计算顺序正确；<br>2. 第一步计算正确,但最终计算结果错误。 | 1. 计算顺序错误。<br>2. 最终计算结果错误。 |

表 5-3　解决问题评分指南(第一版)

| 评价项目 | 评分规则 | | | |
|---|---|---|---|---|
| | 5分 | 3分 | 2分 | 0分 |
| 解决问题 | 理解题意,解题思路清晰,能够正确列出算式并正确计算,且答题规范。 | 理解题意,能够正确列出算式,但最终计算结果错误,或答题不规范,缺少单位或答语。 | 理解题意,审题不清,只列出部分算式且所列算式计算结果正确,所答非所问。 | 审题不清且不理解题意,解题思路错误,无法列出正确算式,无法正确计算,答题不规范。 |

(三) 确定前测试题

前测试题包含客观题、主观题和表现性评价。第一道题为："下面的四个式子你会算吗？",包含两道乘法口算与两道乘法估算,"30×3="考查整十数乘一位数的口算,"143×2"考查学生三位数乘一位数的简单乘法口算,"28×9≈"和"302×5≈"以及分别往大估和往小估的简单乘法估算,用于检查学生对于两、三位数乘一位数乘法的计算以及乘法可以用加法计算这一算法的理解,同时检查学生从加法估算到乘法估算的知识迁移。第二道题为："一套《数学故事》有12本,4套这样的书共有几本？（你是怎么算的,可以把你的计算方法写清楚或者画出来）",着重考查学生两位数乘一位数（不进位）乘法,查明学生与乘法笔算相关的先验知识,通过设置问题情境,让学生列出乘法算式并计算,同时写明计算过程,清晰呈现学生对于多位数乘一位数笔算乘法算理、算法的知识基础。教师团队全体成员对前测试题的类型和考查重点无异议。

## （四）制定前测评分指南

前测评分指南针对第一题,设置了4级评分规则,分别从完成度和正确率两个维度进行评分,每一项5分,共40分(表5-4)。第二题同样设置了4个等级,每一等级对应相应评分标准,它主要围绕计算和答题思路、答题规范等方面展开,每一等级赋值15分,共60分(表5-5)。

表5-4 前测第一题评分指南

| 评价项目 | 评分规则 | | | | 得分 |
| --- | --- | --- | --- | --- | --- |
| | 1 | 2 | 3 | 4 | |
| 完成度（20分） | 答题完成度25% | 答题完成度50% | 答题完成度75% | 答题完成度100% | ___×5=___分 |
| 正确率（20分） | 答题正确率25% | 答题正确率50% | 答题正确率75% | 答题正确率100% | ___×5=___分 |

表5-5 前测第二题评分指南

| 等级 | 等级描述 |
| --- | --- |
| 1 | 能够写出算式,但计算结果错误;答题不规范,出现明显的数学错误,无法写出或者画出自己的计算思路。 |
| 2 | 能够写出正确的算式,且计算结果正确;答题稍有不规范,写出或者画出的计算方法和思路不完整。 |
| 3 | 能够写出正确的算式,且计算结果正确;答题规范,可以粗略地写出或者画出自己的计算方法和思路。 |
| 4 | 能够写出正确的算式,且计算结果正确;答题规范,可以清晰、完整地写出或者画出自己的计算方法和思路。 |
| 得分 | ___×15=___分 |

针对这样的评分指南,L教师首先对第二题的等级描述提出疑问,第二题的设计目的主要考查学生对于笔算乘法算理和算法的理解,重点不在于答题规范,写出或者画出计算方法可能会涵盖很多情况,比如学生会用加法算甚至列竖式算。G教师也提出,大部分学生都可以列出正确乘法算式,而且大部分学生也可以画出自己的答题思路,但是解题的思路有多种,我们考查学生的重点是看学生是否真正理解乘法运算的

算法和算理。大家讨论后,列出了 6 中可能存在的情况:不能正确计算,无法写出或者画出计算过程和思路;能正确列出乘法算式,直接写出正确计算结果,但无法写清楚或者画出算理;能正确列出乘法算式并正确计算,写出或画出利用加法计算乘法的思路;能正确列出乘法算式并正确计算,画图展示计算思路;能正确列出乘法算式并正确计算,可以利用竖式解决问题;能正确列出乘法算式并正确计算,列出竖式并画出图示,思路清晰,规范、正确地解决问题。

但是,教师团队马上发现,这些情况的罗列,并不能完全体现评分的等级性,如学生用竖式计算出正确结果,并不能证明学生已经掌握了多位数乘一位数的算理和算法,反而用加法的方式画出图示可以清晰展示计算的思路。因此,在此基础上进行了归纳和完善,形成了如表 5-6 所示的评分指南,每一等级赋值 20 分,共 60 分。

表 5-6　前测第二题评分指南(修改版)

| 等级 | 等级描述 |
| --- | --- |
| 1 | 通过画图展示思路,但计算错误,无法解决问题。 |
| 2 | 能正确列出乘法算式并正确计算,可以解决问题,但没有展示出计算思路。 |
| 3 | 能正确列出乘法算式并正确计算,通过画图或竖式分析清晰展示计算思路,正确解决问题。 |
| 得分 | ＿＿×20＝＿＿分 |

## 四、进行前测及前测分析

2020 年 10 月 27 日,利用课前时间进行前测,总用时 10 分钟。6 个班所有在校学生参加前测,除去请假人数,共 171 人。前测后,教师共同批改试卷并于 28 日在办公室召开会议,进行试卷分析,用时 20 分钟。

G 教师负责数据统计与解释,此次前测总体情况为:绝大多数学生可以口算简单的多位数乘一位数的乘法,而对于多位数乘一位数的估算,则基础欠佳,容易把估算当成计算;三分之一的学生对于笔算乘法有一定的了解,但对于算理、算法仍不够明晰;大部分学生可以利用简单的乘法计算解决实际问题。由于学生有一定的乘法基础和良好的做题习惯,此次前测均无空题,在第一题中,K 教师统计发现:对于整十数乘一位数,所有学生可以轻松正确计算,而对于三位数乘一位数,96.49%的学生可以正确计算,出现错误的学生中一位不掌握方法,计算结果为143×2=432,一位则是百位忘乘,计算结果为143×2=186。对于估算题,学生前期知识基础不够扎实,"28×9≈"一题正确率为45.61%,计算错误的同学中有6人的计算结果为28×9≈252,54人的计算结果为28×9≈250;"302×5≈"一题的正确率为57.89%,计算错误的学生中大部分计算结果为302×5≈1510。因此,学生会把估算当成计算或者先算后估,甚至有学生不能将加法估算迁移到乘法估算。

在第二题中,49.12%的学生达到等级3(见图5-2),学生可以用加法(36人)、口算(24人)或用竖式(24人)计算出正确结果,并通过画图清晰展示思路,对于乘法算理和算法有一定程度的掌握;36.84%的学生达到等级2(见图5-3),30人用竖式正确计算,但没有画图或正确列式,33人直接写出计算结果,这些同学对算理、算法是否掌握有待明晰;14.03%的学生达到等级1,此类学生不能正确计算,未掌握相关知识点。

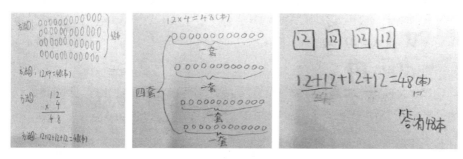

图5-2 等级3典型答案示例

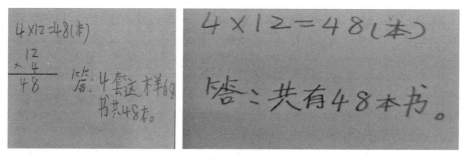

图5-3 等级2典型答案示例

基于以上分析,教师团队更加明晰了学生的先验知识与经验掌握情况,也进一步发现了学生后续学习中需要加强之处和教学中需要更为关注的方面,主要集中在估算以及笔算算理、算法的掌握,这也进一步印证了教师团队所确定的单元大观念、主要问题的正确性。同时,教学教练指出:算理方面,能正确计算出 $12×4$ 结果的同学占 $85.96\%$,这么多的学生算对了,是真的会计算多位数乘一位数了吗?会到什么程度了?结果正确就代表真正掌握算理了吗?在算法方面,口算方法与小棒图及乘法竖式如何勾联?如何把已有的知识迁移到新的知识中?如何使学生在实际情境中习得算法、理解算理,实现更好的迁移?这都是需要重点关注的问题。根据前测结果,教师团队发现 302 班和 304 班学生知识基础最为接近,因此在后续听评课中选择这两个班作为试教课班和新授课班。

## 五、研制单元教学方案

前测分析为教师团队的后续活动开展提供了现实基础和依据,在此基础之上,教师团队开始着手进行单元教学方案的制定,2020 年 10 月 28 日会议继续讨论评价活动与单元学习进程和学习活动的设计,用时 45 分钟。

(一)设计评价活动

设计评价的第一步是决定要评价什么,结合学情分析、教材分析、课标分析以及前测结果分析,确定评价的重点集中于学生对于算理的理解和算法的掌握,以及正确计算多位数乘一位数并解决相关实际问题,这也是本单元的教学重点与难点所在。然后讨论如何评价,结合单元性质,采用主观题、客观题与表现性评价相结合的方式评价学生对于目标的掌握,其中,单元后测试题通过书面的方式对单元总体学习水平进行检查,但是在单元学习过程中,仍需考查学生对于每一学习模块的理解与掌握,因此,教师团队将形成性评价融入每一课时的教学,通过提问和解决问题的方式嵌入教学活动中,检查学生的学习情况,随时做出教学调整。在每一课时结束时,一句话提问学生本课时的收获,同时,通过让学生完成随堂练习、作业本以及单元复习学习单,即时把握学生的学习情况。此外,设置表现性评价任务:1. 口述或画出多位数乘一位数的口算、笔算计算方法与过程。2. 结合具体情境,选择合理简洁的运算途径解决问题,并说明是如何解决的。重点考查学生对于算理、算法的掌握以及解决问题思路和策略的选择。将评价任务分解嵌入学习活动中,达成教学评的一致性。单元后测试题用于单元学习结束时进行数据收集与反馈,其他评价方式在课堂或课后即时收集评价数据,并即时反馈学生的学习水平,相应进行教学调整。最后复核设置的评价任务,确保方向清晰,能够评价学生预期学习结果的掌握情况。

（二）制定单元学习进程

C教师提倡由单元终点学习目标倒推学生应该掌握的知识与技能,并对单元知识与技能进行了初步划分。教师团队发现此单元的知识点相对独立、各自为政,在实际的教学中这样的学习路径与顺序存在些许不足,结合前测分析暴露出来的问题,为了让学生能够进行体系化的学习,教师团队整合了相关知识与技能,优化组合教材内容,对课时与课型进行了划分。重点突出算理、算法的学习和问题解决的应用,力求让学生进行有效的知识顺向迁移和正迁移,聚焦学生的真问题,引导学生自觉地将口算、笔算和估算有机结合,在具体情境中灵活选择计算方法,提高解决问题的能力。同时,打通算理和算法之间的联系,让学生真正掌握算法、理解算理。改变学生的数学学习方式,让学生的计算学习逐步由"零碎"走向"整体",由"静态"走向"动态",由"封闭"走向"开放",由"多"走向"精",让学生由被动学习转化为主动学习、深度学习。因此,形成如图5-4的学习进程以及表5-7的内容安排与课时划分。

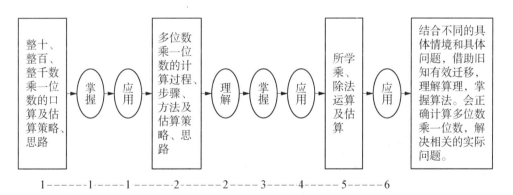

图5-4 多位数乘一位数单元学习进程(第一版)

表 5-7　多位数乘一位数单元内容安排与课时划分

| 学习主题 | 教学内容 | 课时 |
| --- | --- | --- |
| 整十、整百数乘一位数的口算及估算 | 口算例1、解决问题例7 | 1 |
| 多位数乘一位数的口算与笔算(1) | 口算例2、笔算例1 | 1 |
| 多位数乘一位数笔算(2) | 笔算例2、例3 | 1 |
| 一个因数中间或末尾有零的乘法与应用 | 笔算例4、例5、例6 | 1 |
| 归一与归总问题的解决 | 解决问题例8、例9 | 1 |
| 单元复习 |  | 1 |

但是,教学教练指出,这一学习进程基本符合学生实际,但并不能清晰展示单元的学习模块,知识与技能分别用椭圆和方框区分,造成了应知与所能存在分离的状况,需要进一步修改。教学教练提出需要进一步思考,可以体现学生在模块中的认知水平变化,同时对应学习内容,经修改形成了如图 5-5 所示的更为清晰的单元学习进程。

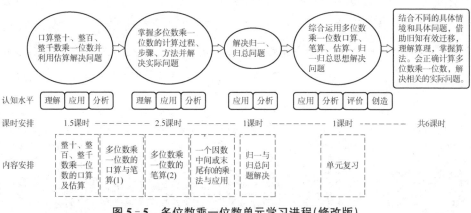

图 5-5　多位数乘一位数单元学习进程(修改版)

(三)形成单元教学方案

结合前测分析的结果,适应学生的前期知识基础,为达成单元学习目标,教师团队进一步明确了每一课时的学习目标,并紧紧围绕课时目标设计学习活动。由于前期教师团队对各课时的教学内容以及单元学习进程已达成共识,结合此单元的内容性质,一位教师负责一个课时的学习活动设计,设计完成后,教师团队于 2020 年 11 月 2 日在办公室进行讨论,用时20分钟。其后教师团队将前期确定的单元学习目标、评价依据以及修改后的学习计划(包括前测分析和主要学习活动)汇总形成单元教学方案,表5-8呈现了单元教学方案中单元学习活动的主要内容。学习活动的设计与评价活动相互融合,算理、算法的掌握以及计算与问题解决两条主线贯穿始终。

表5-8 多位数乘一位数单元学习活动(第一稿)

| 学习主题 | 学习目标 | 学习活动 |
| --- | --- | --- |
| 整十、整百数乘一位数的口算及估算(1课时) | 1. 经历探索整十、整百数乘一位数口算方法的过程,理解并掌握整十、整百数乘一位数的口算方法,能正确进行相关口算。<br>2. 结合具体情境,初步掌握用估算解决问题的思考过程和方法。<br>3. 加深对乘法意义的理解,感受数学与生活的联系。 | 1. 复习表内乘法、数的组成。<br>2. 整十整百乘一位数的口算:<br>(1) 坐碰碰车每人20元,3人需要多少钱?<br>(2) 探究算理:是怎么计算的?更喜欢哪种方法?<br>3. 一位数乘整十、整百、整千怎样计算简便?<br>4. 运用估算解决问题<br>(1) 门票8元/人,三(1)班有29人参观,250元够吗?<br>(2) 如果92人参观,700元够吗?800元够吗?<br>5. 估算练习:王伯伯家一共摘了180千克苹果。一个箱子最多能装32千克,6个箱子能装下这些苹果吗?<br>6. 今天有什么收获? |
| 多位数乘一位数的口算与笔算(1课时) | 1. 能够比较熟练地口算整十、整百、整千数乘一位数,通过迁移类推总结多位数乘一位数口算的简便算法,提高口算能力。<br>2. 理解多位数乘一位数的笔算乘法(不进位)的计算算理,经历多位数乘一位数的笔算乘法(不进位)的优化过程,探索并掌握计算方法和竖式的书写格式,会正确地进行计算,发展分析、综合能力和合情推理能力。<br>3. 培养独立思考、合作交流的学习方法和学习态度,体验竖式的简洁美,体会数学与生活的实际联系。 | 1. 口算与估算练习。<br>2. 小组合作:想一想、摆一摆、写一写、说一说。3盒彩笔,每盒12支。看到了什么数学信息?提出什么数学问题?应该怎样列式计算?<br>3. 理解算理:<br>(1) $10×3=30,2×3=6,30+6=36$<br>(2) $12+12+12=36$<br>(3)　　1 2　　　　 1 2<br>　　　× 　3　　　　× 　3<br>　　　—————　　　—————<br>　　　　3 6　　　　　　 6<br>　　　　　　　　　　　 3 0<br>　　　　　　　　　　　—————<br>　　　　　　　　　　　 3 6<br>(4) 为什么3乘完个位后还要再乘十位?<br>(5) 更喜欢哪一种算式?两个算式之间有什么联系?<br>4. 练一练。<br>5. 这节课你学到了什么? |

续表

| 学习主题 | 学习目标 | 学习活动 |
| --- | --- | --- |
| 多位数乘一位数笔算（1课时） | 1. 借助小棒的直观演示，经历多位数乘一位数"满十向十位进一"算理的形成过程，并以此为经验类推理解"满几十就向前一位进几"的算理。<br>2. 在小棒的直观演示中沟通算理和算法，理解并掌握笔算多位数乘一位数（一次进位）的计算顺序，并能正确进行计算。<br>3. 在探究算法的过程中，培养独立探究、比较分析、合作交流的能力。 | 1. 探究进位的笔算乘法：<br>观察主题图，知道了哪些数学信息？提出什么数学问题？怎么列式？<br><br>2. 用图或算式表示 $16\times3$ 的计算方法：<br>(1) $\dfrac{16+16}{32}+16=48$<br>(2) $10\times3=30$<br>　　$6\times3=18$<br>　　$30+18=48$<br>(3) ① $\begin{array}{r}16\\\times\ 3\\\hline 318\end{array}$　② $\begin{array}{r}16\\\times\ 3\\\hline 68\end{array}$　③ $\begin{array}{r}16\\\times\ 3\\\hline 18\\30\\\hline 48\end{array}$　④ $\begin{array}{r}16\\\times\ _13\\\hline 48\end{array}$<br><br>理解算理：能在小棒图中找出这种算法的计算过程吗？"18"、"30"、"48"分别表示哪一部分？介绍一下是怎么计算的？<br>3. 说 $16\times3$ 的计算过程。<br>4. 类推"满几十进几"的算理：科技书每套27元，王老师买了3套，一共多少元？<br>5. 刚才所做的两道题与之前所做的笔算乘法有什么不同吗？<br>6. 课堂巩固。<br>7. 本节课你学到了关于笔算的哪些知识？ |

续表

| 学习主题 | 学习目标 | 学习活动 |
|---|---|---|
| 一个因数中间或末尾有零的乘法与应用（1课时） | 1. 在解决问题的过程中理解0乘以任何数都得零。<br>2. 在解决问题的过程中，理解有零乘法的算理，并能够正确计算。<br>3. 经历优化的过程，选择合适的方法计算因数中间和末尾有零的乘法。 | 1. 计算614×8。<br>2. 中间有0的乘法：运动场的看台分为8个区，每个区有604个座位。运动场的看台共有多少个座位？<br>(1) 0乘8怎么算？如果换成其他数字呢？<br>(2) 604有几个百？几个十？几个一呢？604×8是怎样计算的？<br>3. 末尾有0的乘法：学校图书室买了3套《小小科学家》丛书，每套280元。一共需要多少钱？<br>(1) 列竖式计算。<br>(2) 计算2 800×3,28 000×3,280 000×3。<br>(3) 怎样算起来会简单呢？<br>4. 拓展计算方法：竖式计算684×8；112×3。<br>5. 随堂练习。 |
| 归一与归总问题解决（1课时） | 1. 经历从直观图示中抽象出数量关系的过程，从不同情境中概括出共同的模型，初步感知归一、归总问题的解决方法。<br>2. 沟通图形、表格、及具体数量之间的联系，通过形数结合的训练，提高比较、分析和综合的能力。<br>3. 通过参与现实性的数学活动，提高学习积极性，借助归一、归总的实际应用，内化归一、归总思想，提高综合素养。 | 1. 图形引入：<br>(1) 整个图形表示30，△ 表示多少？<br>(2) △ 表示6，下面图形表示多少？<br>2. 数形结合：<br>(1) 下列图形中白色部分表示多少？<br>(2) 有一个图形表示48，这个图形中有多少个 △？<br>3. 小组合作：根据算式30÷5×3来出题，形式不定，计时5分钟。<br>4. 乘除交换，学习归总：如果把算式30÷5×3变成30×5÷3，应该先算的是什么？ |

续表

| 学习主题 | 学习目标 | 学习活动 |
| --- | --- | --- |
| | | 5. 区分思路：对比两组题目，有什么发现吗？<br>(1) 妈妈买3个碗用了18元。如果买8个同样的碗，需要多少钱？<br>(2) 妈妈的钱买6元一个的碗，正好可以买6个。用这些钱买9元一个的碗，可以买几个？<br>6. 梯度练习。<br>7. 你有什么收获吗？ |
| 单元复习<br>(1课时) | 1. 巩固"多位数乘一位数"口算、估算、笔算方法，在熟练进行三算的同时发展数感。<br>2. 整理本单元学习内容，构建一定的知识网络。<br>3. 能使用一定的策略解决生活中运用"多位数乘一位数"的乘法计算的实际问题，并加强估算意识。<br>4. 提升化归、归类等数学思想，发展数学品质。 | 1. 计算：为班级购买体育器材，足球98元，篮球212元，排球70元，买5个足球要多少钱？买6个篮球要多少钱？买7个排球大约要多少钱？<br>2. 口算复习：看到 $70×5=350$ 能想到同类型的题目吗？<br>3. 笔算复习：<br>(1) $124×6$、$238×6$、$210×6$、$202×6$，交流异同点。<br>(2) 要提醒大家笔算时注意什么问题？<br>$$\begin{array}{r} 702 \\ \times\quad 3 \\ \hline 216 \end{array} \qquad \begin{array}{r} 340 \\ \times\quad 9 \\ \hline 306 \end{array}$$<br>4. 估算复习：试着根据这道题编出一类题？<br>＿＿＿＿×7≈＿＿＿＿<br>5. 解决问题复习：<br>图1：<br>柏树｜——32棵——｜<br>松树｜——————？棵——————｜<br>算式：<br>图2：<br>｜—6个—｜<br>｜————？个————｜<br>算式：<br>6. 这节课，有什么收获？还有什么疑问吗？ |

鉴于单元教学方案乃行动难点,教学教练召集大家重新探讨方案的合理性。结合听评课信息、内容的增减变化和教师的再次经验分享,形成了改进后的单元教学方案(见附录 B),主要改进体现在表 5-9 所示的单元学习活动中。

表 5-9 多位数乘一位数单元学习活动(修改稿)

| 学习主题 | 学习活动 |
|---|---|
| 整十、整百数乘一位数的口算及估算(1课时) | 1. 复习表内乘法、数的组成。<br>2. 整十整百乘一位数的口算:<br>(1) 坐碰碰车每人 20 元,3 人需要多少钱?<br>(2) 探究算理:是怎么计算的?为什么去掉 0?更喜欢哪种方法?<br>3. 一位数乘整十、整百、整千怎样计算简便?<br>4. 运用估算解决问题:<br>(1) 门票 8 元/人,三(1)班有 29 人参观,250 元够吗?<br>(2) 如果 92 人参观,700 元够吗?800 元够吗?<br>对比一下两种方法,哪种方法能更快的判断出够不够?为什么不估小/估大?<br>5. 练习提高:<br>(1) 口算练习。<br>(2) 王伯伯家一共摘了 180 千克苹果。一个箱子最多能装 32 千克,6 个箱子能装下这些苹果吗?<br>6. 今天有什么收获? |
| 多位数乘一位数的口算与笔算(1课时) | 1. 口算与估算练习。<br>2. 小组合作:想一想、摆一摆、写一写、说一说。3 盒彩笔,每盒 12 支。看到了什么数学信息?提出什么数学问题?应该怎样列式计算?<br>3. 理解算理:<br>(1) $10\times3=30,2\times3=6,30+6=36$<br>(2) $\begin{array}{r}12\\ \times\ 3\\ \hline 36\end{array}$ $\begin{array}{r}12\\ \times\ 3\\ \hline 6\\ 30\\ \hline 36\end{array}$<br>(3) 为什么 3 乘完个位后还要再乘十位?<br>(4) 更喜欢哪一种算式?仔细观察这两种方法,他们之间有什么样的关系呢?<br>4. 练一练。<br>5. 这节课你学到了什么? |
| 多位数乘一位数笔算(1课时) | 1. 探究一次进位的笔算乘法:<br>观察主题图,知道了哪些数学信息?提出什么数学问题?怎么列式? |

| 学习主题 | 学习活动 |
|---|---|
| |
2. 用图或算式表示 16×3 的计算方法：
(1) $\underline{16+16+16}=48$   (2) $10\times3=30$   (3) $16\times3=48$
         $32$                        $6\times3=18$
                                     $30+18=48$

能在小棒图中找出这种算法的计算过程吗？"18"、"30"、"48"分别表示哪一部分？

(4)　　1 6　　　　1 6
　　×　　3　　×　1 3
　　　1 8　　　　4 8
　　3 0
　　4 8

第二种方法与第一种有什么相同之处？有什么不同之处？
3. 说 16×3 的计算过程。
4. 类推"满几十进几"的算理：

　　　1 7　　　　2 1 8
　×　　3　　×　　　4

5. 不同计算方法之间有什么关系？

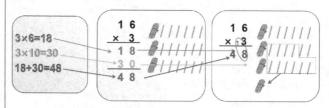

6. 探究连续进位的笔算乘法。
一共买了多少本？ |

| 学习主题 | 学习活动 |
|---|---|
| | 7. 刚才我们所做的两道题与之前所做的笔算乘法有什么不同吗?有什么相同之处吗?<br>8. 课堂巩固。<br>9. 本节课你学到了关于笔算的哪些知识? |
| 一个因数中间或末尾有零的乘法与应用<br>(1课时) | 1. 小明和他的爸爸妈妈去跑步,路上他们口渴了,把水都喝光了。小明现在有几瓶水?爸爸有几瓶水?妈妈有几瓶水?请问现在一共有几瓶水?你是怎样算的?<br>2. 中间有 0 的乘法:小明每圈跑了 508 m,跑了 3 圈,请问小明一共跑了多少米?<br>对于这个竖式,想提醒大家什么?<br>3. 练习:<br>(1) 403×9　506×8<br>(2)　 ２０７　　 ３０４　　 ４０９　　 ５０３<br>　　×　　８　×　　５　×　　６　×　　３<br>　　 １６(5)６　 １５(2)０　 ２４(5)４　 １５(0)９<br>为什么最后一道题的十位是 0 呢?能出一道中间有零的乘法,结果的十位是 0 吗?<br>4. 拓展计算方法:这样算能看懂吗?<br>　　 ４１３　　　　　 ４１３<br>　×　　６　　　　×　　６<br>　 ２４１８　　　　 ２４７８<br>　　　６<br>　 ２４７８<br>5. 末尾有 0 的乘法:爸爸每圈跑 580 m,也跑了 3 圈,请问爸爸跑了多少米?<br>　　 ５８０　　　　 ５８０<br>　×　　３　　　×　　３<br>　 １７４０　　　 １７４０<br>第二种方法是怎样做的?<br>6. 巩固。 |

续表

| 学习主题 | 学习活动 |
|---|---|
| 归一与归总<br>问题解决<br>（1课时） | 1. 整个图形表示10，红色三角形表示多少？<br><br>2. 数形结合：下列图形中红色部分表示多少？<br><br>3. 如果蓝色部分表示10，能求解吗？<br>先求出什么量，在哪个算式上可以表示个数量？<br>4. 小组合作：根据算式 10÷5×2 来出题，形式不定，计时5分钟。<br>5. 题目对比，区分思路：对比 10÷5×2 与 10×5÷2 两组题目，有什么发现吗？<br>6. 梯度练习：<br>(1) 表示42，一份是2<br>    你还可以提出什么问题？<br><br>        绿色  白色  蓝色<br>  总数  14    24    10<br>  份数  7     12    5<br>  14÷7×12   14÷7×5<br><br>(2) 今天大课间304班同学们，进行变换队形比赛。知道总数是30<br><br>| 人数 | 15 | 15×2÷3<br>=10 | 15×2÷5<br>=6 | 15×2÷6<br>=5 |<br>| 几排 | 2 | 3 | 5 | 6 |<br><br>(3) 在变换队形比赛中，在规定时间内完成比赛的班级可以获得奖牌。先有3个班级完成，奖励了6块奖牌，每班奖励一样，又有9个班级完成。<br>  a. 9个班奖励多少块？<br>  b. 一共奖励几块奖牌？<br>  c. 两次相差几块奖牌？<br>(4) 要修一条公路，原计划每天修45米，8天完成，现在要求提前2天完成，平均每天应多修多少米？<br>7. 你有什么收获吗？ |
| 单元复习<br>（1课时） | 1. □□□×□说出一道最喜欢的算式，编一道乘积最大的算式。<br>2. □□□×□两个因数相加的和为204，写出所有可能的算式（有序）<br>(1) 2×4、200×40……怎么计算？有什么特点？<br>(2) 剩下几题要怎么估算？哪些是估大？哪些是估小？<br>(3) 如果想准确的算出结果，应该怎么办？<br>(4) 观察这几道题，根据它们的特点分类。 |

续表

| 学习主题 | 学习活动 |
|---|---|
| | 3. 综合练习：<br>(1) 判断对错。<br>$193\times 8=\square\square\square 2$　　$238\times 7=13\square 6$<br>(2) 填">""<"或"="。<br>$123\times 7\bigcirc 122\times 7$　　$200\times 4\bigcirc 400\times 2$　　$100\times 7\bigcirc 99\times 8$<br>(3) 解决问题。<br>a. 上周科创节完美落幕，每个班都上交了同学们优秀的作品，四年级4个班上交了32幅作品，照这样计算，6个班一共上交多少幅作品？<br>b. 在趣味实验赛中，四(1)班原定分为4组，每组有6名同学，现在改为每组8名同学，现在可以分几组？<br>4. 这节课我们复习了什么？ |

## 六、开展听评课活动

此单元的授课方式为每位教师负责两个班的教学，每节课都会进行听评课。教师在一个教学班上完课，经听课、评课后，在另一教学班落实改进。教师团队的教学安排如表5-10所示，授课教师上课时，教师团队中其他教师进行听课，课后进行评课活动，针对学生可能或前测分析显示已经存在的问题进行观察并提出改进意见。本单元共有6课时，本章以第一课时为例，展开叙述。

表5-10　多位数乘一位数单元教学安排

| 上课日期 | 节次 | 授课班级（试教） | 授课人 | 日期 | 节次 | 授课班级（新授） | 授课人 | 授课内容 |
|---|---|---|---|---|---|---|---|---|
| 11月4日 | 第二节<br>9:15—9:50 | 302 | C教师 | 11月5日 | 第三节<br>10:20—11:00 | 304 | C教师 | 第一课时 |
| 11月5日 | 第五节<br>12:50—13:25 | 302 | G教师 | 11月6日 | 第三节<br>10:20—11:00 | 304 | G教师 | 第二课时 |
| 11月6日 | 第六节<br>13:25—14:10 | 302 | J教师 | 11月9日 | 第二节<br>9:15—9:50 | 304 | J教师 | 第三课时 |
| 11月9日 | 午间管理<br>12:00—12:35 | 302 | Z教师 | 11月10日 | 第二节<br>9:15—9:50 | 304 | Z教师 | 第四课时 |

续表

| 上课日期 | 节次 | 授课班级（试教） | 授课人 | 日期 | 节次 | 授课班级（新授） | 授课人 | 授课内容 |
|---|---|---|---|---|---|---|---|---|
| 11月10日 | 第六节 13:25—14:10 | 302 | D教师 | 11月11日 | 第一节 8:30—9:05 | 304 | D教师 | 第五课时 |
| 11月11日 | 第五节 12:50—13:25 | 302 | K教师 | 11月12日 | 第五节 12:50—13:25 | 304 | K教师 | 第六课时 |

本单元的第一课时为《整十整百数乘一位数的口算及估算》，C教师于2020年11月4日上午第二节进行授课，本课时的目标为：1.经历探索整十、整百数乘一位数口算方法的过程，理解并掌握整十、整百数乘一位数的口算方法，能正确进行相关口算。2.结合具体情境，初步掌握用估算解决问题的思考过程和方法。3.加深对乘法意义的理解，感受数学与生活的联系。结合课时目标和前测分析，教师团队认为学生的在整十整百乘一位数的算理与运用估算解决问题方面可能存在问题与困难，因此将听评课的重点聚焦于此。本课时教案见附录B，本节课共4个环节，分别为复习导入、学习整十整百数乘一位数的口算、运用估算解决问题和课堂小结，其中，第二环节中由主题图引入情境，列出乘法算式，探究算理，发现简便算法，第三环节则进行问题解决，渗透与利用估算。根据这样的学习活动设计，教师团队重点关注学生探究算理的过程和学生对于算理的表达，以及学生用估算解决问题的思考过程和方法。对于教师则从表5-11所示的教学设计、教学实施、教学效果、教师表现四个方面进行评价，并指出授课教师的亮点与不足。

表5-11　教学评价指标

| 指标 | 分值 | 指　标　要　素 | 得分 |
|---|---|---|---|
| 教学设计 | 20 | 教材解读准确，学习起点精准，教学内容取舍恰当，教学目标制定合理。 | |
| 教学实施 | 40 | 1. 有8分钟左右独思、探究、实践等自主学习时间。<br>2. 有8分钟左右书面作业练习时间。<br>3. 有学生讨论、交流、合作等互相"教学"过程。<br>4. 有学生提问、质疑、评估、创造等过程。<br>5. 有学生个别化、差异化活动或评价过程。 | |

续表

| 指标 | 分值 | 指标要素 | 得分 |
|---|---|---|---|
| 教学效果 | 30 | 1. 目标明确重点突出,环节明晰,梯度合理。<br>2. 过程充满兴趣,氛围富有热情。<br>3. 深度学习呈现,产生高阶思维明显。 | |
| 教师表现 | 10 | 教学基本功扎实娴熟,本体性知识丰厚,教育技术运用恰当,仪表举止端庄且稳重。 | |

图 5-6 第一次听评课现场照片

课后,教师团队在教室外和三年级办公室进行评课,会议时长40分钟。教师团队经过听课和记录,发现的第一个问题是学生在阐述如何计算 20×3 时采用遮 0 补 0 法,但是学生只说出去掉的 0 要补上,但是不能说出为什么遮 0,为什么补 0,而教师的引导也不够充分,和整体的学习活动设计连接不够紧密。教师评课时出现如下对话:

L:"2×3=6,为什么遮0,那么就是把20看成了2。然后再跟2是什么?是2个10。"

G:"对,也就是那个小棒里的2捆,都联系起来了。"

C:"一开始还要问他,3×20,3代表这里的3组,20代表这里的2捆。"

L:"你不是开始让他们摆了吗?2在哪里?你不是先出的算式吗?先出的算式让他把2摆出来了。问:那你为什么这样摆?结合他是怎么摆的,让他说。"

G:"或者等他们提出遮0补0的时候,让他们用小棒解释。遮住0后,就变成了2×3,那在小棒里就是2捆。所以到最后就是3个2捆,就是6捆。"

L:"他们可能不会说几捆,他们可能会说几个10,因为他们已经学过了。今天的问题就是遮0啊,先把遮0的问题解决了。为什么遮0没说清楚,过程是对的。"

G:"让他们结合着小棒说,他们就懂了。"

L:"是把20看成了2,这里其实是2个10,所以20×3等于6个10,就是60。"

C:"我觉得说2捆,学生会绕晕。"

L:"那不说2捆,就说几个几,就2个10嘛。"

G:"那也行。"

C:"还是说本来是20,我把它看成了2个10,所以我少看了?他们肯定会说少看了1个0。"

L:"少看了1个0其实是这个2就是2个10。"

G:"所以少看的0最后要补回来。"

教师团队提出在讲解遮0补0的时候结合小棒和数的组成讲解,利用前两种方法的同时,让学生真正明白为什么遮0,为总结整十整百数乘一位数的简便计算方法打下基础。同时,教师团队发现学生在运用估算解决问题的时候,教师为了避免学生在未学习进位乘法时先算后估,在学生正确列式后给出精确计算结果,然后让学生进行估算,渗透估算思想。教师团队发现在这样的引导之下,大部分学生可以正确利用估算解决问题,理解估算并非只需估成近似数就可以,理解估大和估小,但在讲解自己的解题思路时,对于估算策略的选择和运用掌握并不理想。针对这一问题,教师团队提出不应该给学生建立估算的固定标准,以消除学生先算后估的想法,同时明白并非一次就能估出来,需要在心里"试估",理解为什么往大估、为什么往小估,进行了如下对话:

C:"那我觉得这里应该是'试估'。可以估大,也可以估小。"

J:"对,就是'试估'。在心里试估过,估小不行,就估大。"

L:"对,只能这样说清楚,没办法给他们一种固定的方法,不能是一定估小或一定估大。"

C:"也就是说,800元的时候要再追问一下,'为什么估大?这里为什么不估小呢?'我好像问过'为什么是同样的算式,你为什么估大?'"

J:"那你其实应该问,800元的时候,你估小为什么不行,那是不是就更直接一点?"

C:"这道题为什么估大,不估小呢?估小为什么不行呢?"

L:"因为720的时候已经估小了。那么这里应该设置一个讨论:'那么这里的时候为什么要估大呢?'不要说'为什么不估小'。因为700的时候已经估小了,700的时候是不够的,所以没必要再估小了呀。那么700都不够,那800的时候钱多了呀。"

为了让学生更好的理解估大或者估小的意义,教师团队选择借助数轴直观展示,确定比较的标准:

L:"这就是一个比较的标准。如果在数轴中,以92就是为标准的话,找700在哪里,就可以根据90的位置来找。"

D:"对,然后判断出700在720的左边,720大于700,所以不够。"

L:"那800呢?800够吗?100比92大,所以在92后面。"

C:"如果不要800,不用这个判断,估小了没办法判断,比720大一定就比800小吗?"

D:"对,估小了是比800小,但是这个数到底比800大还是比800小没办法判断。"

C:"所以,估小了不行。所以要估大,跟800怎么比。"

L:"那就以你的算式为主。最后还是做比较。"

D:"这个更适合这道题,因为目标值是变的,算式是不变的。"

估大、估小两次试估也并非盲目的,教师团队提出,估算一般是往接近数估,但具体的问题情境中会不一样。要让学生明白估算是要结合具体的问题情境,选择最适合的估算方法:

L:"然后你小结的时候要说到底是估小还是估大,要结合具体的情境。如果估小了不能解决问题,我们就要估大,如果估大了不行,我们就要估小。"

G:"估两次肯定就试出来了。不能说这道题一定估大或者一定估小,我们要根据具体的问题来。"

L:"是的,一定要说结合具体的情境。比如我们买东西的时候,如果带着钱的时候我们是估大还是估小,如果是要估算大概要花多少钱的时候是估大还是估小。"

G:"这个跟我们刚刚说的这道题是不一样的。"

L:"但是我们要渗透的是结合具体的情境。"

此外,教师团队提出本节课中课堂练习的设置也存在问题,应该让口算与估算前后衔接,让学生建立起一定的知识体系:

L:"接下来,做练习。"

K:"我觉得可以把口算练习放后面。"

L:"最后一个练习题前面还不如加一组口算练习,作为一个整体的练习。"

D:"对,分节了这里,学了那么多,没有最后总的练习。"

评课后,C教师针对以上问题进行了改进,改进后的教案见附录B。首先,在学生回答计算20×3利用遮0补0法时,提问学生"为什么要去掉0?"并结合小棒和数的组成对学生进行引导;其次,在让学生说自己的估算思路时,提问学生"为什么把29估成30?"让学生理解估大和问题情境的关系,同时借助数轴,以92×8为标准,让学生找出90×8和100×8与700和800的关系,在与学生的对话中让学生理解"试估"和结合情境才能真正解决问题。同时,增加了"对比一下两种方法,你觉得哪种方法能更快地判断出够不够?"这一问题,让学生更快建立起估算的意识。

2020年11月5日上午第三节课,C教师在另一教学班上课,教师团队再次进行听评课。此次听课重点关注上次评课的问题是否解决的同时,更加全面地观察教师的教学设计与教学实施以及学生的学习效果。听课结束后,教师团队在书吧进行评课,评课时长50分钟,教师团队成员全体参加,其他年级教师也前来学习图5-7。

图5-7 第二次听评课现场照片

教师团队认为C教师的这堂课总体环节清晰,整体的教学效果和学生表现比第一次上课好很多,但是还存在一些小的问题。首先是教师课堂语言的问题,一个是语言细碎,教师的提问不够精准。H教师指出:"'720在左边还是右边?',像这种问题根本就不要问,如果要问,回答应该怎么回答,那就变成了数字的问题,因为有箭头,箭头表示正向,有箭头的方向是大的,左边是没有箭头的方向是小的,所以700在左边,要这样回答。我觉得这是大部分学生回答不了的问题。还有包括,'我们借助数轴来看一下',这个是你备课的时候自己在想的问题呀,你可以说:'刚刚同学们说的都非常有道理,你们说的是不是就是这个意思呀?让我们来看一下,92×8在这里,那么90×8就比它更小一些',不要说'我们今天来借助数轴',这个都是你自己心里想的,或者是你的设计方法,这句话不一定非要说。所以你的语言不要太细碎,要问一些大问题。"再一个问题是追问不到位,在学生做出回答后要按照学生的思路正确引导和追问,以学生为中心,而不是急于推进知识点的学习进度。H教师指出:"刚有同学说,先想2×3＝6,所以遮住的0加回去等于60,这个时候,你胆子要大,你要追问他。他是不是说前面少了个0,后面就要加上这个0,那你直接问他,为什么前面少了一个0,前面少一个0是什么意思,还是要回到他的问题。有的时候学生说了这个问题,但是你的引导又到了另一个跑道,其实,学生的回答跑不了多远。有些老师的课精彩,就是精彩在他好像是跟着学生跑的,但是最后肯定会绕回来,对不对?"同时,为了能够让学生更好地区别精算和估算,明白估算的作用和意义,教师团队认为需要在合适的地方找到正确的语言引导,把"快速判断"这样的语言提前,让学生真正消除具体情境中先算后估的习惯。对话如下:

H:"门票够吗的问题。的确有学生会精算,但是他们应该用估算的方法。所以,这里问题怎么问,这里是学生第一次学乘法估算。"

L:"在这里应该有一个方法的对比,精算和估算哪个更快,应该有一个优化。"

W:"这里要快速地判断出够还是不够。"

H:"这里应该说三(1)班有30个人坐碰碰车,带250元够吗?你能快速地判断出来吗?两种方法呈现出来后,因为有要求快速判断,所以用估算。后面的问题,最好是有一个对比呈现。你能快速地判断,带700元够吗?这个时候就不用出精算了,上一道题已经估算过了,这个时候学生就不会再精算了。"

其次是学习活动呈现和设计的问题,一方面表现为情境的引入过于复杂,课件中出示了游乐场的多个标价,但是课堂教学中只用了一种,无关信息过多,建议直接切入主题:

H:"游乐场的价格图,你获取什么信息,到底有没有必要?这个你后面用上去了吗?假如这个是为了引出'几个几',那这些信息有没有必要?"

Z:"她后面只用到了一个信息。"

H:"就是8元是吧,如果你要用的话就是一句话就好了,不需要你获得了哪些信息。"

D:"这里也可以让学生提出他们的问题。"

H:"关键是提的问题跟你下面的内容有没有关联性呢?"

L:"这里利用这个情景,直接切入到游乐园,不要再问你获得了哪些数学信息。"

H:"你可以直接说某某班的同学到游乐场去玩,这么多娱乐项目,20位同学选择了坐碰碰车。因为你提供的信息只有票价,也没有其他信息可以再整合在一起提出问题。"

另一方面表现为学习活动设计的不够完整和全面。教师团队建议在摆小棒探究算法时,应该将算理、算法、情境融合其中,加法的方法和乘法的意义为遮0补0做铺垫,后面又要联系贯通:

H:"摆小棒的问题,上台摆的学生是有想法的,下面的学生都不知道他手里拿了什么东西,是不是啊?是不是要让他们在心里摆一摆啊?摆好之后是?"

L:"摆完算理,还有没有其他算法?"

H:"摆的是算理还是情境啊?"

L:"应该是算理。"

C:"也是情境啊,3个20的情境。"

H:"刚有同学说,先想2,所以遮住的0加回去等于60。所以2×3这里,等于6,要不要直接写6个10。"

L:"这个是学生说出来的。"

H:"本质上就是2×3等于6,2个10×3等于6个10,而不要直接说成60,这样就和前面的接起来了。'几个几'如果要起到台阶的作用和铺垫的作用,那后面就要用上去,那么就在这里用起来。"

D:"2起到台阶作用,这里想的过程可以加个括号把这句话写进去,今天是都说出来了,但是是借助小棒说出来的。"

H:"这里还可以和小棒对接一下,2个3组就是6捆,6捆就是6个10。把捆代替成10。学生说2,这里少一个0,最后再加回去,你要问他'2最后是什么意思?或者你能结合这个图说说2×3是什么意思吗?'那学生可能会说2×3表示6捆,就是6个10。然后3个20相加,既要结合图,又要结合意义。"

由于此次评课有不同年级的教师参加,因此还对估算的标准答题法进行了讨论,最后选择展示过程的答题方式,对话如下:

W:"再一个就是算式的写法,我们以前是92看成90,逻辑写出来,要么就92(看成90),或者用约等于号。"

L:"没有写字吧。我们统一用算式。"

H:"教材上没有标准的写法,都是文字。"

L:"约等于号需在算式后面写。我们前面用的是箭头,意思是把92看成90。"

K:"这里是720>700,9×8是720。"

C:"因为学生会先算后估,所以要展示过程。"

对于板书的内容,教师团队也提出了意见,有教师认为"几个几"是学生思考的过程,板书的第二种方法:3个20,20个3是否有必要写出来值得商榷,最终一致决定板书中不将其作为方法呈现出来:

H:"这个'几个几'写上去的意义是什么?写出来有没有价值。那下一步怎么教?"

L:"我们以前是这样说的。3×20,可以表示3个20或20个3,这里都可以用3这里都来算,算式是一个。然后,再来想跟加法结合起来的话,3个20更简便。"

H:"学生也不会真的写20个3加起来的吧。"

Y:"对,他们之前就已经学过了。"

L:"所以呢,这里就带过了。"

H:"那这里板书的第二种方法'20个3,3个20'还有必要写吗?这里又不是拓展出来的。"

L:"就不用写这个了。口算的时候说的也就是这个。"

此次评课结束后,C 教师进行了教学反思,对教案进行了微调,并在微信群中分享了自己的教案,为其他教师提供借鉴。其他课时的上课、听课和评课也按此流程进行,在教学中不断进行调整与改进。

### 七、完善单元后测试题及评分指南

结合教学过程信息,以及所需了解的学生学习信息,教学团队重新审视了原来的后测评价设计,进行两方面的改进。一是针对考察目标调整了试题,二是改进一些试题和评分指南。例如,针对解决问题评分指南(见表 5-12),经讨论后,教师团队一致认为答题不规范的扣分标准过高,计算结果错误表示学生无法解决问题,不应该得分,因此,对评分等级与等级描述做出修改,改为 3 个评分等级,分别赋分 5 分、3 分、0 分,只写出第一步的算式且所列算式计算结果正确为 3 分,在各等级中如果出现答题不规范,单位、答语不写扣 0.5 分(表 5-12)。

表 5-12 解决问题评分指南(修改版)

| 评价项目 | 评 分 规 则 | | |
| --- | --- | --- | --- |
| | 5 分 | 3 分 | 0 分 |
| 解决问题 | 理解题意,解题思路清晰,能够正确列出算式并正确计算,且答题规范。(单位、答语不写扣 0.5 分) | 理解题意,只列出第一步的算式且所列算式计算结果正确,且答题规范。(单位、答语不写扣 0.5 分) | 理解题意,正确列出算式,但计算错误;或审题不清,解题思路错误,无法列出正确算式,答题不规范。 |

### 八、进行后测及后测分析

2020 年 11 月 16 日全年级统一组织后测,共 6 个班,180 名学生参加考试,考试时间 90 分钟,考试组织严密,考查内容全面,教师团队认为能真实反映出学生的实际掌握情况。考试结束后教师团队集体批卷,并于 11 月 18 日在会议室进行了后测分析会议,教师团队全体成员参加,用时 60 分钟。D 教师对后测结果进行整理分析,汇报如下:"学生基本能掌握本单元的基础知识,及格率能达到 100%,优秀率能够达到 70% 以上。学生在表内乘法的基础上,继续学习用一位数乘多位数,从学生的具体情况出发,有针对性地进行单元整合教学。从错题来看,学生对个别知识点掌握不牢固,例如估算部分,估算的意识、估算的能力还有待加强,计算还需要进行针对性训练,审题和做题的策略还需改进,归一与归总问题概念还不够清晰。个别孩子成绩不够理想,基础知识相对薄弱,需要进行个别辅导。"对比前测结果,学生已经明晰了多位数乘一位数的算理、算法,估算的能力也得到了提升。综合学生的实际情况,经过这一单元的学习,学生达成了本单元的目标,可以结合不同的具体情境和具体问题,借助旧知有效迁移,理解多位数乘一位数的算理,掌握多位数乘一位数的算法,并且会正确计算多位数乘一位数,解决相关实际问题。

同时,D教师针对学生的错题做了具体分析,如表5-13所示,学生出错率最高的是填空题中第4题"计算3□×7时,丁丁把第一个因数十位上的'3'看成了'8',算得的结果比正确的得数多（　　）。"失分人数占总人数的45.56%,学生出现错误的原因是对数位理解不深刻,不清楚乘法的意义。失分率达38.89%的是判断题第5题"因为684接近700,所以684×3的积大约是2100。（　　）"和口算题中的估算"510×9≈",学生出现错误的主要原因是对估算的理解不够全面,计算不够扎实,出现超前学习四舍五入的情况。此外,学生对于乘法计算的掌握情况欠佳,32.22%的同学在判断题第5题"2□7×8是一道三位数乘一位数的算式,那么下面4个数中（　　）不可能是它的得数。A.1656　B.2056　C.2216　D.2456"出现错误,反映出学生对连续进位的问题掌握的不够扎实。递等式计算题中有28.89%的学生出现错误,原因在于学生乘加乘减与加减混淆。除此之外,错误率低于20%的其他题目,同样主要集中在估算、乘法数位、两步计算方面,同时,归一与归总问题也有一定的错误率。

表5-13　后测错题分析

| 题号 | 知识考点 | 失分人数 | 失分主要原因 |
| --- | --- | --- | --- |
| 一、4 | 乘法的意义 | 82 | 数位理解不深刻,乘法的意义不清楚。 |
| 一、7 | 积末尾、中间有0的乘法 | 30 | 没有考虑个位上的数相乘是否进位。 |
| 一、9 | 积最大、最小的规律 | 36 | 乘法数位规律不清楚。 |
| 二、5 | 估算的运用 | 70 | 估算的理解不够全面,超前学习四舍五入。 |

续表

| 题号 | 知识考点 | 失分人数 | 失分主要原因 |
|---|---|---|---|
| 三、2 | 归一问题 | 8 | 不能利用算式来理解问题。 |
| 三、4 | 归总问题 | 12 | 没有掌握好归总问题。 |
| 三、5 | 乘法计算 | 58 | 连续进位的问题掌握的不够扎实。 |
| 三、6 | 估算的取值 | 34 | 估算的策略还不熟练。 |
| 四 | 积的大小比较 | 34 | 比较的策略没掌握；计算的不扎实 |
| 五、1 | 口算 | 70 | 估算计算还不够扎实。 |
| 五、2 | 竖式计算 | 10 | 口诀混乱，与加法混淆。 |
| 五、3 | 递等式计算 | 52 | 乘加乘减与加减混淆。 |
| 五、4 | 乘法算式谜 | 20 | 乘法竖式计算进位问题。 |
| 六、1 | 归总问题 | 18 | 归总问题理解还不够透彻；不会分析数量关系，不能准确找到一份数和总数。 |
| 六、2 | 归一问题 | 20 | 归一问题理解还不够深刻，不会分析数量关系，不能准确找到一份数和总数；计算存在问题。 |
| 六、3 | 估算问题 | 30 | 审题不清楚；不能根据具体问题判断估大还是估小。 |
| 六、4 | 两步计算问题 | 30 | 没理解"各有"的含义，计算错误。 |
| 六、5 | 倍数问题 | 18 | 计算错误；审题不清。 |

4. 计算 3□×7 时，丁丁把第一个因数十位上的"3"看成了"8"，算得的结果比正确的得数多（35）。

5. 因为 684 接近 700；所以 684×3 的积大约是 2100。（ ✗ ）

5. 2□7×8 是一道三位数乘一位数的算式，那么下面 4 个数中（ ）不可能是它的得数。
   A. 1656    B. 2056    C. 2216    D. 2456

图 5-8 典型错题

为了更加清晰地了解教学调整与改进对学生的影响,D教师将302班与304班的成绩做了对比分析(表5-14),从总体情况来看,304班的平均分略高于302班,304班最高分比302班低1分,但是304班的最低分高出302班14.5分,304班段前30%的人数比302班多2个人,而段后30%的人比302班少2个人。由此可看出,教学调整和改进提升了学生的总体学习水平,尤其对需要额外关注的学生来说,提升最明显。从错题来看,上述典型错题中,除口算题中最后一题,304班错误人数多于302班,其余题目中,304班错误学生均少于302班。

表5-14 302班与304班基本情况对比

| 班级 | 参考人数 | 平均分 | 优秀率 | 及格率 | 最高分 | 最低分 | 段前30%人数 | 段后30%人数 |
| --- | --- | --- | --- | --- | --- | --- | --- | --- |
| 302 | 30 | 91.43 | 73.33% | 100% | 100 | 64 | 4 | 5 |
| 304 | 29 | 92.7 | 72.41% | 100% | 99 | 78.5 | 6 | 3 |

经分析后,教师团队回顾与反思教学中存在的问题,主要包括对多位数乘一位数的乘法意义讲解不够透彻,对于归一与归总问题还缺乏针对性讲解和练习,需要进一步加强对学生计算能力和估算意识的培养,增加思维拓展练习,同时对学生的读题、审题训练不到位,尤其是判断和选择题,要加强训练。

由此提出改进提高措施:在后续的教学中,结合图形、列表、摆小棒等活动加深学生对乘法意义的理解,重视计算策略的优化和算理的渗透;创设具体情境,渗透估算意识,让学生理解估算的目的和意义,通过具体情境,选择估大或者估小;归一和归总还需带领学生针对问题分析,弄懂题目中的总数和一份数,加强练习;强化思维训练,进一步加强计算练习,包括口算、笔算和估算,每天要确保一定量的练习;同时关注在学生生活经验的基础上,加强教学过程的探索性,体现知识形成的过程,让学生体会数学知识和生活的密切联系;加强对学生读题、审题的习惯培养,明确题目意思,帮助学生进一步养成认真作业、书写整洁的良好习惯,继续做好培优辅差工作。

## 第三节 整体反思

从案例的进行以及最终的学习结果来看,教师团队共同行动、共担责任。教学教练全程指导,团队小组领导负责日常事务,其他教师分别负责其他相关事务,各环节有序开展。最终达成了单元学习目标,基本实现了预期的学习结果,学生学习和教师教学都有了不同程度的改进,并在各环节形成的成果中有所体现。但是,在各环节的开展和实施过程中也存在一定的困难和问题,仍有改进的空间。为更全面地了解案例实施的总体情况,对教师团队从开展过程、活动参与和收获、活动成果、成员关系、不足与改进共五个方面进行了访谈,教师团队成员的回答仍以姓名首字母代替。下述为访谈提纲和核心访谈内容:

表 5-15 访谈提纲

访谈提纲(教师、团队小组领导、教学教练):
1. 您认为开展共同形成性评价的各个环节是否顺利?过程中有什么问题或困难?尝试分析一下成因并谈一下您是怎么解决的。
2. 您参与(组织)了哪些活动?谈谈您的感受或收获。
3. 您对各环节形成的成果是否满意?有没有需要改进的地方?
4. 您认为团队的成员关系怎么样?谈谈您的看法。
5. 您认为此次共同形成性评价的开展与实施存在哪些不足,请提出您的改进意见。

(1) 关于开展过程。从整体的眼光来看,各环节的开展相对顺利,教师间的合作过程流畅,推进很快。教师团队觉得出现困难的环节大都集中在听评课,尤其是实施教学与教学改进的修改过程,经过听评课,最终基本得到了解决。

L:"本单元设计理念先进,经过整合,把单元教学中独立的知识点都勾连起来,更好地沟通知识点之间的联系,帮助学生更透彻地理解知识、梳理知识,并能做到学以致用。这次活动进展还是很顺利的。"

Z:"由于教龄较少,缺乏经验。担心小朋友不理解 $355×25$ 可以用 $305×25+50×25$ 算。这都可以理解。"

D:"归一和归总,两个都属于较难的概念,两个知识点之间过渡是一个难点。因为学生刚刚学会先出一份数的解决问题,立马过渡到相反的先求总数的解决问题。在解决这个难点上,我们采用让学生辨题,并且判断是否是用 $10÷5×2$ 解决问题,过渡到 $10×5÷2$ 上,让学生自己发现,对比区别归一和归总问题的异同。"

C:"在制定单元教学进程时,我对于知识技能的划分过于简单,后来经过教师团队的讨论和教学教练的提示,终于形成了更合理的单元学习进程。我执教的是本单元

第一课时"多位数乘一位数及估算",在执教的过程中发现估算的讲解,在解决估大估小的策略判定时遇到了困难,对于如何克服估小、估大经过了多次的试教,利用了数轴更直观的方式来解决这个问题。估大估小数轴的排列以及绘画也更改了数次,最后定为在估算计算时,先试估再判定估大能解决还是估小能解决。再解决 20×3 等于60,算理的理解上,如何让学生脱离'去0补0'的机械记忆模式,再理解2个十乘3等于6个十,理解这样算的含义,利用圈一圈、摆一摆、说一说让学生理解算理,理解含义。"

因教师团队有一定的专业基础与合作基础,对关键技术的掌握与运用情况良好,但是,更多的教师还是最为关注教学的过程,对各个环节缺乏整体的关注。由于首次开展此种形式的活动,加之教师间教学经验和教学能力存在差异,教师团队在制定单元学习进程和设计学习活动方面熟练程度不够,尤其是新手教师需要在有经验的教师及教学教练的指导与帮助下才能达成更好的效果,从而为下一环节的顺利开展提供必要的前期基础。

(2)活动参与和收获。教师团队是在自愿的基础上组成的,也有相应的合作契约规范,因此,教师团队成员参与了所有的活动,合理分工,并进行了及时的反思,总体收获颇丰。

G:"通过团队合作的方式,能够吸收团队伙伴的意见,集思广益,对上课老师的专业发展帮助很大,不是一个人单打独斗。经过这样的形式,上课质量也提高了很多,教学目标都能很好的达到。"

D:"这样的合作方式是可以帮助我快速成长的好方法。"

J:"这样的形式很好,可以与更多组内老师合作与交流,组长认真负责,这样对年轻教师很有帮助,学生可以在一节课掌握更多的知识点,可以让学优生再次向前迈一步。"

K:"感觉这次活动下来,收获满满。既开拓了视野,也有所影响。特别是大观念和主要问题的确定、单元复习课的教学方法,更是让我受益匪浅。"

共同形成性评价的开展与实施其实不仅实现了学生的学习改进,也促进了教师的专业发展,教师团队形成专业合作共同体,不仅掌握了共同形成性评价的关键技术,还在合作的过程中实现教师经验的传递与碰撞,有经验的教师带动新手教师的发展,促进教师团队专业水平的不断提高。

(3) 活动成果。各个环节的开展都形成了相应的文本和成果,为下一环节的开展和以后的教学提供了范本与参考。教师团队成员对目前的成果达到满意程度。

J:"满意,改进后的单元教学方案如果可以再完整呈现一次就更好了。"

D:"基本满意,本单元形成的文本都是在教师团队查阅相关资料,结合教学经验和学生实际的情况下形成的,并且在大家讨论后有了不同程度的改进。"

G:"通过共同形成性评价关键技术的学习,让我们可以更精准地把握单元的大观念、大问题,以更专业的方式分析教学和学生的学习,对以后的教学有很大的借鉴意义。"

教师团队围绕"多位数乘一位数"单元形成的单元教学方案、单元学习进程、前后测分析等,都更为直观地帮助教师团队掌握学生的学习进度,进行不断的教学调整和改进,尤其是大家对单元目标的高度共识,让单元内各课时的评价与学习活动设计更为合理、质量更高。

(4) 成员关系。教师团队各成员关系融洽,合作的过程也非常顺利。

C:"大家都团结一致,为达到共同的目标而努力。"

K:"本单元相关的活动由团队小组领导牵头,帮助年轻老师打磨,在一次次试教中变身,助推年轻教师成长。"

Z:"关系很好,各教学成员是协作者。每个人提出想法意见,共同备课,一起改课,会擦出不一样的火花。"

在设计与实施共同形成性评价的过程中,教师团队成为专业学习共同体,为达成共同愿景,实现单元目标,共同努力。在过程中集思广益,不断提出改进意见,助推专业成长。

(5) 不足与改进。本次共同形成性评价的设计与开展围绕"多位数乘一位数"单元进行,教师团队深度参与,也发现了其中的一些问题,主要表现为缺少学生练习时间、教师备课思路不统一、参与人员不够广泛。

Z:"需要大量的练习,否则效果会大打折扣。教师备课需要统一的形式,否则学生会方法错乱。"

L:"跨越的时间周期比较长,缺少练习时间。因为是计算课,如果能保证一定量的练习，可能掌握的更好。"

D："这个单元是一个周期上完的，但是学生的巩固和练习是一个问题，学生上完课之后没有相对应的练习。"

C："两个课时之间的时间比较紧凑，学生还没有巩固好上一个课时的内容，就进入下一个课时，学生吸收的还不透彻，导致最后本单元内容整体掌握情况不佳。"

J："无论是评课还是正式上课，如果有更多老师参与就更好了。"

上述访谈回答所述的问题反映出了此案例中存在的现有不足，结合教师团队对所有问题的回答，深究这些表层问题和现象背后的原因，主要有如下几点：

首先，教师团队对于开展共同形成性评价的理念感知不足，实施熟练度不够。各位教师在团队合作的过程中对自身擅长和负责的活动关注度更高，缺乏对整体环节的审视。在回答有关共同形成性评价过程的问题时表现得最为明显，有更多的教师讲述自身参与的听评课环节，更多关注自身授课过程中遇到的问题及解决办法。同时，教师团队对开展共同形成性评价的一些关键技术相对陌生，在使用过程中还需要耗费比较多的时间和精力，因此需要更为深入和广泛地开展和实施共同形成性评价。

其次，教师团队的评价素养仍存在一定程度上的欠缺。虽然教师团队有目的、有计划地收集、分析、处理学生的信息，但是在"多位数乘一位数"单元中显然是忽略了评价任务的数量。此单元是以运算为主的单元，需要学生在不断的练习中熟练掌握乘法计算，但是限于学校课程安排和教学进度，教师授课和听评课的时间都比较紧凑，虽然教师的教学调整与改进更为尊重学生的学习水平，但是未能给学生提供更多的练习时间，缺乏及时有效的巩固。在这个问题上，其实是因单元和教学内容而异的，需要教师团队在安排教学时结合实际情况充分考虑，设计数量合适的评价任务与学习活动，同时需要教师团队不断在合作中进一步提升评价素养。

再次，团队合作中的教研不够深入。共同形成性评价的开展与实施注重前后单元的衔接，也注重单元内的教学调整与改进，教师集体备课的过程中，不仅需要致力于落实学习目标，也需要深入研究学生。在此案例中，教师间的备课思路存在差异是因为教师团队在对单元学习目标达成共识后分解出课时学习目标，在目标的统领下由各位教师先自行设计学习活动，后讨论形成单元教学方案，基本遵循算理、算法的掌握以及计算与问题解决两条主线，学习活动与评价活动相互镶嵌，在大的方面是统一的。但是团队成员经验不一,优势与劣势各异,加之受长期应试教育更为关注成绩的影响,教师还是会习惯性地注重"教",对于"研"和"学"有一定程度上的忽略,因此,在本单元中忽视了学生学习方法的连贯性与统一性。如果要达成更高程度上的统一,则需要教师团队更为深入和长期的合作与教研,在课程大观念下提炼单元大观念,在单元大观念下提炼每个课时的大观念和主要问题,在此指导之下将学生的"学"放在中心位置,这样才更有利于形成多条主线贯穿、学习活动多样又致力于改进与提升单元教学方案和共同形成性评价的实践。

最后,多方支持也是共同形成性评价开展与实施的重要原因,特别是对于在国内初次崭露头角的共同形成性评价实践来说,在其未来发展的过程中可能随时面临挑战,参与人员的个人愿景和主动性是其内生动力。由于此案例是首次组织并进行,各位教师自愿参与,支持人员流动,参与人员的年龄、经验等都有一定层次,在听评课的过程中,多次有教师团队之外的人员参加,进一步增加了人员的丰富性,也提出了不同的意见和建议,这个过程中,所有参与教师都是有所提升的,因此有更多教师参与其中形成专业学习共同体,是具有更强的正向意义的。除此以外,学校以及相关教育部门甚至其他相关领域的财力、物力支持和相关领导的精神支持是其得以维持和长远发展的保障之一,而学校、学区乃至更大范围内合作文化、改进文化的形成更是其可以持续发展的关键要素。因此,共同形成性评价既需要自下而上的坚持,也需要自上而下的支持;既需要内部的动力,也需要外部的保障。

# 第六章

## 创设勇于改进的学校文化

对于学校而言,实施共同形成性评价是项变革。变革从来都不只是一个事件,而是一个过程。这个过程要求领导者能够带领大家建设学校文化、做好迎接新挑战的准备。实践表明,变革需要得到优质的管理和领导时才有可能会发生。[1] 建立和维护一个有效的共同形成性评价组织并不简单,它意味着要确定和培养领导者联盟。[2] 这个联盟既包括内部参与人员,也包括外部的支持者,如家长、教育行政人员、其他地区的学校领导以及当地的大学教师等。因此,创造一种改进的文化,既需要开展启动内部的变革,也需要开展联合外部的变革。

## 第一节 启动内部的变革

形成一种富有创新和改进的内部文化是开展和维系学校工作的必要条件。为了促进共同形成性评价实践,学校领导人需要把改进文化作为首要之事,把评价嵌套在清晰的教学设计之中,有意地让共同形成性评价成为改进文化的中心。这样一来,不仅能提升评价的重要性,也为教师创造了更为深刻的意义。领导者需要不断鼓励人们克服变革困难和焦虑,促进学校成长为专业共同体,引导教职工和学生朝着一个明确的共同学习目标努力,为教师创造致力于实现共同目标的合作机会,强调教师团队在学生学习改进方面的责任和使命,创造一种有利于支持持续变革的内部文化。为此,领导者可采取以下四个关键策略。

(一)进行自我反思

要使教育系统的可持续发展成为可能,首先需要承担这一责任的领导者对当前工作环境进行盘点。他们通过提问和回答棘手的问题,了解维持评价实施的特定背景和

---

[1] Hall, G. E., & Hord, S. M. Implementing change: Patterns, principles, and potholes (3rd ed.) [M]. Upper Saddle River, NJ: Pearson, 2001.

[2] Fullan, M. Leadership and sustainability [M]. Thousand Oaks, CA: Corwin, 2005: 69.

下一步需要做的事情。对于领导者来说,如果他们还无法逐一做出回答、自我反思问题,那么开始执行一项举措可能还为时尚早。然而,在执行过程中的某一时刻,他们需要找到每个问题的答案,并在适当的时候制定相应的行动计划。只有这样,真正的可持续性发展才有可能实现。就此,领导者们可以留出一个小时左右的时间,不受干扰地思考并写下对以下问题(表6-1)的简短回答,这些回答有助于确定持续改进的愿景。

**表6-1　自我反思问题**[①]

| 愿景 |
|---|
| • 我是否有清晰的长期实施的愿景? |
| • 我是否有指导教职工从接收信息到积极参与,再到全面实施的周密部署? |

| 自我 |
|---|
| • 我在领导和维持实施方面的优势和劣势分别是什么? |
| • 我的"信息缺口"是什么?我怎样来弥补?为了达到更理想的效果,我应该怎么做? |
| • 那些对我负责的人对我有什么期望? |

| 教职员工 |
|---|
| • 其他学校改进举措是否已经顺利开展?如果是的话,教职员工是如何完成这项工作的?他们做得很好,还是已经无从下手了? |
| • 我们的教职员工领导干部发展得如何? |
| • 有多少教职员工已经全身心地投入到当前学校的改进工作中?对于那些还未参与其中的人,我该怎么办?我支持执行先锋的方法是什么? |
| • 我通过什么方法来解决表现较欠佳的10%教职员工的问题? |
| • 怎样激励教职员工? |
| • 教职员工们在实施这一举措中的学习曲线是怎样的? |
| • 教职员工们信任我吗? |

| 时间和资源 |
|---|
| • 我是否有专门用于支付参与人员薪酬和课程开发的预算? |
| • 资金是否充足? |
| • 我是否了解并有权获得额外的资源来支持这项工作? |
| • 本学年中是否有合适的时间用来推进学校持续改进工作? |

| 障碍 |
|---|
| • 我发现工作中的障碍了吗?是什么(或谁)? |
| • 我有攻克这些障碍的方法吗?这些方法是否可行? |

---

[①] Ainsworth, L., & Viegut, D. Common formative assessments 2.0: How Teacher Teams Intentionally Align Standards, Instruction, and Assessment [M]. Thousand Oaks, CA: Corwin Press, 2015: 255-257.

续表

| 教学 |
|---|
| ● 我们是否正在超越原有评价体系并在教学改革方面取得重大进展？<br>● 专业学习共同体中的大多数对话是否已转向关注教学效果？ |
| 干预 |
| ● 教职工之间是否频繁且自由地分享干预策略？<br>● 课堂教师的思维方式是否正在转变，他们是否将干预视为他们的首要义务？ |

## （二）选择恰当时机

高效的领导者是教育变革的推动者，是认识到时机重要性的专家。他们会思考：(1)领导者何时宣布变革？(2)谁来宣布？(3)需要说什么，怎么说？

在正式宣布学校新举措之前，领导团队需要先回答以上问题。一般情况下，在教育工作者有足够的机会学习、应用和评估新的实践之后，才是向员工宣布变革的恰当时机。如果新的实践能满足他们的专业判断，并显示出改进教学和学生学习的潜力，他们才会准备投身其中。简单的年终沟通是一个非常奏效的方法。由于许多教育机构经历了前所未有的动荡，领导者们很容易在学年结束时疲惫不堪，以至于忘了这一年取得过多少进展、员工完成了多少工作。例如，相关负责人草拟的一份发给员工的如下部分邮件内容：**为了让大家明晰未来努力方向，增加工作的透明度，现与大家分享 2020—2021 年重点关注内容：提升教学策略；制定激励学生的评分实践；提供提高学生参与度的反馈。**这样的沟通方式有助于开展下一步工作。在这封简单的信中，负责人还表达了对教育工作者今天所面临问题的同情，强调了他们取得的成绩，并清楚地说明了学校的发展方向，以便让每个人都知道未来会发生什么。

## （三）保持持续关注

共同形成性评价已被证明，如果实施得当可以成为改善学生学业成就的一个重要且可行的措施。然而，要让这项工作成为一个长期的、可持续的方案，则需要领导者解决相互冲突的议程问题。尽管每个组织中都有一些人可以很好地处理多个议程。但是大多数人通过对工作进行优先排序，把时间集中在那些优先完成的任务上，工作效率会更高。对多项事务给予同等的持续关注，并在每一事项上都取得成功几乎是不可能的。

富兰(M. Fullan)认为专注于最重要的任务远比只关注手头上的任务重要。只有这样,学校领导者对一些管理问题与危机问题的处理就不会偏离对学生和学习的关注[①]。如果共同的形成性评价成为争夺教师时间、培训资源的举措,那么它可能达不到预期结果。为了维持共同形成性评价的实施,领导者必须确保在很长一段时间内人们对评价实践有充分的关注。

随着工作的进展,推行新举措的部分挑战可能会来自不断增加的期望。通常,举措执行得越深入,人们对其质量的审查就越仔细。评价的质量越高,分析这些评价数据就越有意义。越来越多的教师使用这些数据来指导他们的教学,学生将取得更大进步。随着改进工作的推进,一些问题也显现出来,需要认真考虑:(1)我们衡量的是我们想要衡量的内容吗?(2)我们的评价真的是衡量这些内容的正确方式吗?(3)这些评价是否具有足够高的质量和严谨性,以满足优质评价的既定标准?(4)我们是否为那些最初掌握欠佳和需要额外学习的学生提供了合乎需要的教学调整?(5)相对于课堂干预,教师需要什么技能和培训?(6)教师需要哪些资源和人员支持才能有效地使用干预技术?(7)学术干预是教职工会议和行政会议的一个常设议程吗?我们的学校改进计划中是否有学术干预的目标?(8)新举措如何影响我们的评分工具和报告流程?(9)我们的校历是否支持新举措的持续专业发展?(10)当地资源的投入是否足以支持我们达成想要的改变?[②]

这些问题以及其他问题都是在共同、持续实行新实践的过程中自然产生的。日常反馈能够让所有参与人员考虑实施进展并及时修正存在的问题。那些继续提出和回答棘手问题的人将拥有最大的机会实现持续改进。

(四)建立友好关系

人际关系越来越成为取得可持续性发展的关键所在,当处于领导地位的人开始为更大的目标服务时,他们的工作重点就会自然地从产生结果转变为鼓励产生结果的人的成长[③]。

---

[①] Fullan, M. Leadership and sustainability [M]. Thousand Oaks, CA: Corwin, 2005: 68-69.
[②] Ainsworth, L., & Viegut, D. Common formative assessments 2.0: How Teacher Teams Intentionally Align Standards, Instruction, and Assessment [M]. Thousand Oaks, CA: Corwin Press, 2015: 259-260.
[③] Senge, P., Scharmer, C. O., Jaworski, J., & Flowers, B. S. Presence: Human purpose and the field of the future [M]. Cambridge, MA: Society for Organizational Learning, 2004: 145.

那些被选来领导校内评价实施的人,往往需要优质的人际交往技巧和经验。管理人员可以收集并给教师发送相关信息,研究当前举措相关的文献,鼓励教师尝试进行共同形成性评价。但是,此人是否具备与人合作和领导工作持续实施所需的专业知识才是行动的关键所在。高效的领导者能够建立和培养关系,监督实施过程但不过分注重细节,及时提供有关课程、教学与评价的深层次指导。

在变革的激流中培养和维持良好关系的能力可能是领导者面临的最大挑战之一。高效的变革推动者需要不断加强与长期从事评价实施工作教育者的联系,并学会从繁忙的工作中抽身出来,增加对人为因素的关注。实际上,有些人在处理人际关系方面很强,但在计划方面很弱。另一些人则非常善于计划、努力工作,但似乎不把人际关系放在心上。理想的状态是,领导者会有意识地将关系与工作联系起来,在工作的同时建立重要的关系。值得注意的是,有些人只追求讨人喜欢,但实际上却得不到尊重,因为人们认为他们缺乏内在思想。领导者明白,在工作中建立良好的沟通关系是促进工作发展的好方法,这展示出诚信为人和推进工作之间的平衡状态。

领导者会反思自己维持人际关系的能力,向自己提出这样的问题:(1)我在培养和维护基于相互信任和尊重的关系方面有多娴熟?(2)我过去所做的改变是否破坏或加强了工作关系?(3)我是领导这项活动的最佳人选吗?(4)在带来重大的教育变革方面,我究竟取得了哪些成功?(5)我是否愿意尽最大努力实施改进?(6)我能用什么策略把人们联系起来并取得进步?(7)我是否充分强调了工作中人的因素?我怎样才能更好地监督自己将建立关系纳入工作日程中?我可以使用什么参照标准?(8)谁能成为我的知己?[1]

变革需要由意愿付出额外努力的人组成合作团队[2],领导者应该明白,现在我们要像关注结构、策略和统计数据一样,更多地关注我们对待同事、下属、客户的方式[3]。

---

[1] Ainsworth, L., & Viegut, D. Common formative assessments 2.0: How Teacher Teams Intentionally Align Standards, Instruction, and Assessment [M]. Thousand Oaks, CA: Corwin Press, 2015: 261.
[2] Fullan, M. Leading in a culture of change [M]. San Francisco: Jossey-Bass, 2001.
[3] Fullan, M. Leading in a culture of change [M]. San Francisco: Jossey-Bass, 2001: 53.

## 第二节 联合外部的变革

教育环境之间千差万别,可能有些教育环境还停留在30年前的水平,但是先进的教育环境中必然充满成年学习者和领导者,他们对自己的工作非常自信,以至于很难确定谁才是真正的领导者或权威。这个系统中的所有利益相关者,包括那些校外人员,似乎都扮演着领导角色。我们必须承认,那些过时的信仰和孤立的结构需要改变。领导者、教职员工和有良好意愿的社区成员希望改变和改进,最重要的是,他们愿意为共同创造一种新的文化付出努力。

要创造一种新的文化,就需要了解当前的状况,理解改进蓝图,坚定未来共同合作会比个人单打独斗更好的信念。当教育工作者邀请新的参与者参加讨论时,他们的意图必须是真实的,且重点必须放在对学校未来至关重要的工作上。以下四个方面有助于创造新的文化:

(一)争取社区领导的支持

当学校或学区以外有影响力的领导人理解、讨论并公开支持旨在提高学生学习水平的举措时,这项举措将会获得动力。相反,如果这些领导者在讨论计划时表现出毫不知情或根本没有理解,或者他们正在破坏和阻碍实施工作,那么进展就会受到影响。以下6种策略可以获得外部利益相关者对学校改进措施的支持:(1)让有影响力的领导者参与计划团队的会议;(2)去校外领导的工作场所拜访,与他们讨论此项举措;(3)分享有关当前环境的信息、改进工作的目的以及这一工作对他们、社区和学校的重要性,然后向他们寻求帮助;(4)与社区领导人形成一个促进新实践的、广泛的、更具地方特色的合作协议;(5)经常以高度透明的方式沟通新举措的目标、挑战和进展,以及个人的贡献;(6)以团队的方式监控进度,并进行计划调整。[1]

应用这6种策略将有助于学校和社区领导人发展一种由主要社区成员组成的外部文化,这些成员对改进举措知情,支持并愿意维持改进举措的实施。

---

[1] Ainsworth, L., & Viegut, D. Common formative assessments 2.0: How Teacher Teams Intentionally Align Standards, Instruction, and Assessment [M]. Thousand Oaks, CA: Corwin Press, 2015: 262-263.

## （二）扩展人际网络

我们的社交网络影响着我们的思维方式、态度和行动[1]。成功人士明白，无论从事什么行业，想要成为最优秀的人，都需要合适的环境和合适的伙伴。

对学校领导者和教育工作者而言，这意味着在学校改进过程中，要把自己和那些为达到同样目的而努力的人联系在一起。在与社区领导、其他教育工作者、学校和学区的相关人员一起努力解决同一问题的过程中，学校领导和教育工作者将从同事的态度、建议和经验中受益。与那些有动力和决心在某一方面中取得成功的人或已经取得成功的人交往可以达到更好的效果。

与做同样或类似工作的人进行合作，对彼此都是有益的。那些已经在进行相关工作的组织可以为寻求指导的学校或学区提供真正的服务，开始实施新举措的领导者可以向他们询问以下问题：(1)最有效的策略是什么？(2)你们面临的最大的挑战是什么？你们是如何迎接这些挑战的？(3)在你们前进的过程中，做了哪些调整？(4)谁指导改进？最终成功的秘诀是什么？(5)你们采取了什么行动来保持这种积极的势头？(6)我们怎样才能更好地从你们所做的事情中学到东西？[2]

在继续对话的过程中，双方必然都会获得宝贵的见解和经验。在追求变革深度的同时，校内外领导者必须建立一个领导人联盟。这样的运动能获得巨大的支持，这是因为这样可以让学区用共同的语言和议程进行对话，这与过去各学区单打独斗试图不断超越邻近学区的情况有很大的不同。在发起运动的过程中，人多才是安全的。就像学校层面的分布式领导力一样，大规模改革需要多元的领导力，需要团队创建和推动清晰、连贯的战略。[3]

如果该地区的其他学校或学区没有采取同样的举措，教育者可以在全县/全市或其他地区撒一张更大的网，并安排访问。从他人的经历中获益是可以节省时间、金钱并带来士气的，因此值得为寻求这些经验投入时间、精力和资源。当一个学区开始有效

---

[1] Christakis, N. A., & Fowler, J. H. Connected: How your friends' friends' friends' affect everything you feel, think, and do [M]. New York: Little, Brown, 2009.

[2] Ainsworth, L., & Viegut, D. Common formative assessments 2.0: How Teacher Teams Intentionally Align Standards, Instruction, and Assessment [M]. Thousand Oaks, CA: Corwin Press, 2015: 263-264.

[3] Fullan, M. Leadership and sustainability [M]. Thousand Oaks, CA: Corwin, 2005: 67.

地实施共同形成性评价时,其他地区的学校和学区可能会了解这项工作并寻求指导。

(三)与高等教育机构合作

发展与高等教育机构的外部关系可能会给共同形成性评价的长期实施带来意想不到的好处。在过去的教育改革中,很少有人通过努力与高等教育部门合作来提高学生学业成就,初、中等教育阶段与高等教育阶段的教育改革和变化一直是相互独立的。这样的情况可能导致学生在升学时知识衔接不连贯,进而致使升学率降低。[①]

当中小学教育学区与高等教育机构合作解决问题,并为此共同出资时,职前培训得以加强,更多更高质量的新教师得以产生。这样一来,与高等教育机构进行合作的学区会从外部视角和专业知识中受益,内部组织间也会更加相互尊重。通过与高等教育机构合作的学校和学区共建项目,不仅参与人员的专业水平得以提升,为其后续的教育生涯带来好处,还会促进课程标准的落实,促进与共同形成性评价相关工作的开展和实施。

最有可能推动外部文化发展的方法之一,就是建立中小学与高等教育机构合作联盟。当联盟内的所有成员协同工作,并分享对所有人都有意义和有用的信息时,有价值的想法就会回流到各个成员学校和学区。一个组织良好、消息灵通的联盟有可能成为当地学校领导实施共同形成性评价的宝贵资源。比如在学校资金紧张时,相关成员会帮助学校和学区获得补助金,补充教师通过全面实施共同形成性评价获得专业发展的资金空缺,并提供该举措赖以开展的相关实践经验。

(四)宣传先进的改进事迹

教育界的所有成员都关注改进过程和结果的质量,这意味着宣传的重要性。当今学校的运作环境会影响我们宣传的精力和意愿,当地的实际环境会影响我们对宣传策略的选择。利益相关者不愿意回应任何感觉空洞的宣传。但是,让改进过程的实质内容成为宣传的核心,就有了一种不同的、更深层次的含义。因此,教育工作者的下一项重要工作就是宣传最佳实践,如实施共同形成性评价的相关工作。

实际运作中,可采用如下 6 种讲述改进事迹的策略:(1)与学区主要领导一对一

---

① Venezia, A., & Kirst, M. The bridge project: Strengthening K-16 transition policies [D]. Stanford University, 2001: 1.

面谈,分享学校或学区的进步,并解释变革对他们和社区的重要性;(2)努力让你自己和学区或学校的主要领导被邀请到教育工作者通常不会参与的圈子里,然后分享你的故事;(3)通过帮助董事会成员构思谈话要点,让他们讲述你的改进故事;(4)帮助所有参与成员了解工作内容、信息,以及为什么他们必须"管理"社区的改进工作;(5)势头转变后,邀请媒体参与讨论,帮助讲述这个故事,邀请来自社区的关键意见领导者参与改进工作;(6)创造可以相互努力、相互承诺、相互受益的机会。[1]

高效的领导者需要意识到教育系统需要被管理,如果任由其发展,教育系统将会机能失调,在其中的人员或群体不明确自身角色,领导者与其他人和群体以及与整个教育系统的关系可能会被误解[2]。只有当可持续发展的条件都被满足时,工作才会更有效率、更有质量、更有回报[3]。

无论在评价开始阶段还是在实施改进阶段,都要密切关注整个系统的可持续性发展,这对于保持课程质量至关重要。将共同形成性评价嵌套在改进文化中,并建立内部和外部变革文化是实现整个系统可持续发展的基本策略。作为完整的教学和评价系统的一部分,这些设计和实施共同形成性评价的想法,将会在教育工作者所处的教育环境得到实践并持续改进。通过不懈的努力,它们会换来我们共同渴望的学生学习进步。

---

[1] Ainsworth, L., & Viegut, D. Common formative assessments 2.0: How Teacher Teams Intentionally Align Standards, Instruction, and Assessment [M]. Thousand Oaks, CA: Corwin Press, 2015: 266.

[2] Warwick, R. Beyond piecemeal improvements: How to transform your school using Deming's quality principles [M]. Bloomington, IN: National Educational Service, 1992: 26.

[3] Fullan, M. Leadership and sustainability [M]. Thousand Oaks, CA: Corwin, 2005.

# 附 录

**附录 A** 我国普通高中各门学科核心素养 ································ 131

**附录 B** 单元"多位数乘一位数"共同形成性开发成果 ·················· 142
  B1 "多位数乘一位数"单元教学方案修改稿 ······················· 142
  B2 单元的后测试题 ································································ 148
  B3 两次听评课活动对应的课时教案 ······································ 150

**附录 C** 共同形成性评价常见实施工具集萃 ································ 155
  C1 团队的工作周期 ································································ 155
  C2 合理的目标和工作计划表 ················································ 157
  C3 解读课程标准的议程示例 ················································ 158
  C4 逆向设计的解构模板 ························································ 159
  C5 制定评价的样本方案 ························································ 160
  C6 进度指南模板 ···································································· 161
  C7 逆向单元设计模板 ···························································· 162
  C8 数据团队会议模板 ···························································· 163
  C9 数据团队会议协议 ···························································· 166
  C10 短期循环 ········································································· 167
  C11 长期循环 ········································································· 168
  C12 思考框架 ········································································· 169

# 附录A 我国普通高中各门学科核心素养

| 学科 | 核心素养 | 具 体 表 述 |
|---|---|---|
| 数学 | 数学抽象 | 数学抽象是指通过对数量关系与空间形式的抽象,得到数学研究对象的素养。主要包括:从数量与数量关系、图形与图形关系中抽象出数学概念及概念之间的关系,从事物的具体背景中抽象出一般规律和结构,并用数学语言予以表征。<br>数学抽象是数学的基本思想,是形成理性思维的重要基础,反映了数学的本质特征,贯穿在数学产生、发展、应用的过程中。数学抽象使得数学成为高度概括、表达准确、结论一般、有序多级的系统。<br>数学抽象主要表现为:获得数学概念和规则,提出数学命题和模型,形成数学方法与思想,认识数学结构与体系。<br>通过高中数学课程的学习,学生能在情境中抽象出数学概念、命题、方法和体系,积累从具体到抽象的活动经验;养成在日常生活和实践中一般性思考问题的习惯,把握事物的本质,以简驭繁;运用数学抽象的思维方式思考并解决问题。 |
| | 逻辑推理 | 逻辑推理是指从一些事实和命题出发,依据规则推出其他命题的素养。主要包括两类:一类是从特殊到一般的推理,推理形式主要有归纳、类比;一类是从一般到特殊的推理,推理形式主要有演绎。<br>逻辑推理是得到数学结论、构建数学体系的重要方式,是数学严谨性的基本保证,是人们在数学活动中进行交流的基本思维品质。<br>逻辑推理主要表现为:掌握推理基本形式和规则,发现问题和提出命题,探索和表述论证过程,理解命题体系,有逻辑地表达与交流。<br>通过高中数学课程的学习,学生能掌握逻辑推理的基本形式,学会有逻辑地思考问题;能够在比较复杂的情境中把握事物之间的关联,把握事物发展的脉络;形成重论据、有条理、合乎逻辑的思维品质和理性精神,增强交流能力。 |
| | 数学建模 | 数学建模是对现实问题进行数学抽象,用数学语言表达问题、用数学方法构建模型解决问题的素养。数学建模过程主要包括:在实际情境中从数学的视角发现问题、提出问题,分析问题、建立模型,确定参数、计算求解,检验结果、改进模型,最终解决实际问题。<br>数学模型搭建了数学与外部世界联系的桥梁,是数学应用的重要形式。数学建模是应用数学解决实际问题的基本手段,也是推动数学发展的动力。<br>数学建模主要表现为:发现和提出问题,建立和求解模型,检验和完善模型,分析和解决问题。<br>通过高中数学课程的学习,学生能有意识地用数学语言表达现实世界,发现和提出问题,感悟数学与现实之间的关联;学会用数学模型解决实际问题,积累数学实践的经验;认识数学模型在科学、社会、工程技术诸多领域的作用,提升实践能力,增强创新意识和科学精神。 |

续表

| 学科 | 核心素养 | 具体表述 |
|---|---|---|
| | 直观想象 | 直观想象是指借助几何直观和空间想象感知事物的形态与变化,利用空间形式特别是图形,理解和解决数学问题的素养。主要包括:借助空间形式认识事物的位置关系、形态变化与运动规律,利用图形描述、分析数学问题,建立形与数的联系,构建数学问题的直观模型,探索解决问题的思路。<br>直观想象是发现和提出问题、分析和解决问题的重要手段,是探索和形成论证思路、进行数学推理、构建抽象结构的思维基础。<br>直观想象主要表现为:建立形与数的联系,利用几何图形描述问题,借助几何直观理解问题,运用空间想象认识事物。<br>通过高中数学课程的学习,学生能提升数形结合的能力,发展几何直观和空间想象能力;增强运用几何直观和空间想象思考问题的意识;形成数学直观,在具体的情境中感悟事物的本质。 |
| | 数学运算 | 数学运算是指在明晰运算对象的基础上,依据运算法则解决数学问题的素养。主要包括:理解运算对象,掌握运算法则,探究运算思路,选择运算方法,设计运算程序,求得运算结果等。<br>数学运算是解决数学问题的基本手段。数学运算是演绎推理,是计算机解决问题的基础。<br>数学运算主要表现为:理解运算对象,掌握运算法则,探究运算思路,求得运算结果。<br>通过高中数学课程的学习,学生能进一步发展数学运算能力;有效借助运算方法解决实际问题;通过运算促进数学思维发展,形成规范化思考问题的品质,养成一丝不苟、严谨求实的科学精神。 |
| | 数据分析 | 数据分析是指针对研究对象获取数据,运用数学方法对数据进行整理、分析和推断,形成关于研究对象知识的素养。数据分析过程主要包括:收集数据,整理数据,提取信息,构建模型,进行推断,获得结论。<br>数据分析是研究随机现象的重要数学技术,是大数据时代数学应用的主要方法,也是"互联网+"相关领域的主要数学方法,数据分析已经深入到科学、技术、工程和现代社会生活的各个方面。<br>数据分析主要表现为:收集和整理数据,理解和处理数据,获得和解释结论,概括和形成知识。<br>通过高中数学课程的学习,学生能提升获取有价值信息并进行定量分析的意识和能力;适应数字化学习的需要,增强基于数据表达现实问题的意识,形成通过数据认识事物的思维品质,积累依托数据探索事物本质、关联和规律的活动经验。 |
| 物理 | 物理观念 | "物理观念"是从物理学视角形成的关于物质、运动与相互作用、能量等的基本认识;是物理概念和规律等在头脑中的提炼与升华;是从物理学视角解释自然现象和解决实际问题的基础。<br>"物理观念"主要包括物质观念、运动与相互作用观念、能量观念等要素。 |

续表

| 学科 | 核心素养 | 具 体 表 述 |
|---|---|---|
| | 科学思维 | "科学思维"是从物理学视角对客观事物的本质属性、内在规律及相互关系的认识方式；是基于经验事实建构物理模型的抽象概括过程；是分析综合、推理论证等方法在科学领域的具体运用；是基于事实证据和科学推理对不同观点和结论提出质疑和批判，进行检验和修正，进而提出创造性见解的能力与品格。<br>"科学思维"主要包括模型建构、科学推理、科学论证、质疑创新等要素。 |
| | 科学探究 | "科学探究"是指基于观察和实验提出物理问题、形成猜想和假设、设计实验与制订方案、获取和处理信息、基于证据得出结论并作出解释，以及对科学探究过程和结果进行交流、评估、反思的能力。<br>"科学探究"主要包括问题、证据、解释、交流等要素。 |
| | 科学态度与责任 | "科学态度与责任"是指在认识科学本质，认识科学·技术·社会·环境关系的基础上，逐渐形成的探索自然的内在动力，严谨认真、实事求是和持之以恒的科学态度，以及遵守道德规范、保护环境并推动可持续发展的责任感。<br>"科学态度与责任"主要包括科学本质、科学态度、社会责任等要素。 |
| 化学 | 宏观辨识与微观探析 | 能从不同层次认识物质的多样性，并对物质进行分类；能从元素和原子、分子水平认识物质的组成、结构、性质和变化，形成"结构决定性质"的观念。能从宏观和微观相结合的视角分析与解决实际问题。 |
| | 变化观念与平衡思想 | 能认识物质是运动和变化的，知道化学变化需要一定的条件，并遵循一定规律；认识化学变化的本质特征是有新物质生成，并伴有能量转化；认识化学变化有一定限度、速率，是可以调控的。能多角度、动态地分析化学变化，运用化学反应原理解决简单的实际问题。 |
| | 证据推理与模型认知 | 具有证据意识，能基于证据对物质组成、结构及其变化提出可能的假设，通过分析推理加以证实或证伪；建立观点、结论和证据之间的逻辑关系。知道可以通过分析、推理等方法认识研究对象的本质特征、构成要素及其相互关系，建立认知模型，并能运用模型解释化学现象，揭示现象的本质和规律。 |
| | 科学探究与创新意识 | 认识科学探究是进行科学解释和发现、创造和应用的科学实践活动；能发现和提出有探究价值的问题；能从问题和假设出发，依据探究目的，设计探究方案，运用化学实验、调查等方法进行实验探究；勤于实践，善于合作，敢于质疑，勇于创新。 |
| | 科学态度与社会责任 | 具有安全意识和严谨求实的科学态度，具有探索未知、崇尚真理的意识；深刻认识化学对创造更多物质财富和精神财富、满足人民日益增长的美好生活需要的重大贡献；具有节约资源、保护环境的可持续发展意识，从自身做起，形成简约适度、绿色低碳的生活方式；能对与化学有关的社会热点问题作出正确的价值判断，能参与有关化学问题的社会实践活动。 |

续表

| 学科 | 核心素养 | 具体表述 |
|---|---|---|
| 生物 | 生命观念 | "生命观念"是指对观察到的生命现象及相互关系或特性进行解释后的抽象,是人们经过实证后的观点,是能够理解或解释生物学相关事件和现象的意识、观念和思想方法。<br>　　学生应该在较好地理解生物学概念的基础上形成生命观念,如结构与功能观、进化与适应观、稳态与平衡观、物质与能量观等;能够用生命观念认识生物的多样性、统一性、独特性和复杂性,形成科学的自然观和世界观,并以此指导探究生命活动规律,解决实际问题。 |
| | 科学思维 | "科学思维"是指尊重事实和证据,崇尚严谨务实的求知态度,运用科学的思维方法认识事物、解决实际问题的思维习惯和能力。<br>　　学生应该在学习过程中逐步发展科学思维,如能够基于生物学事实和证据运用归纳与概括、演绎与推理、模型与建模、批判性思维、创造性思维等方法,探讨、阐释生命现象及规律,审视或论证生物学社会议题。 |
| | 科学探究 | "科学探究"是指能够发现现实世界中的生物学问题,针对特定的生物学现象,进行观察、提问、实验设计、方案实施以及对结果的交流与讨论的能力。<br>　　学生应在探究过程中,逐步增强对自然现象的好奇心和求知欲,掌握科学探究的基本思路和方法,提高实践能力;在探究中,乐于并善于团队合作,勇于创新。 |
| | 社会责任 | "社会责任"是指基于生物学的认识,参与个人与社会事务的讨论,作出理性解释和判断,解决生产生活问题的担当和能力。<br>　　学生应能够以造福人类的态度和价值观,积极运用生物学的知识和方法,关注社会议题,参与讨论并作出理性解释,辨别迷信和伪科学;结合本地资源开展科学实践,尝试解决现实生活问题;树立并践行"绿水青山就是金山银山"的理念,形成生态意识,参与环境保护实践;主动向他人宣传关爱生命的观念和知识,崇尚健康文明的生活方式,成为健康中国的促进者和实践者。 |
| 语文 | 语言建构与运用 | 语言建构与运用是指学生在丰富的语言实践中,通过主动的积累、梳理和整合,逐步掌握祖国语言文字特点及其运用规律,形成个体言语经验,发展在具体语言情境中正确有效地运用祖国语言文字进行交流沟通的能力。 |
| | 思维发展与提升 | 思维发展与提升是指学生在语文学习过程中,通过语言运用,获得直觉思维、形象思维、逻辑思维、辩证思维和创造思维的发展,以及深刻性、敏捷性、灵活性、批判性和独创性等思维品质的提升。 |
| | 审美鉴赏与创造 | 审美鉴赏与创造是指学生在语文学习中,通过审美体验、评价等活动形成正确的审美意识、健康向上的审美情趣与鉴赏品味,并在此过程中逐步掌握表现美、创造美的方法。 |

续表

| 学科 | 核心素养 | 具 体 表 述 |
|---|---|---|
| | 文化传承与理解 | 文化传承与理解是指学生在语文学习中,继承和弘扬中华优秀传统文化、革命文化、社会主义先进文化,理解和借鉴不同民族和地区的文化,拓展文化视野,增强文化自觉,提升中国特色社会主义文化自信,热爱祖国语言文字,热爱中华文化,防止文化上的民族虚无主义。 |
| 历史 | 唯物史观 | 唯物史观是揭示人类社会历史客观基础及发展规律科学的历史观和方法论。<br>人类对历史的认识是由表及里、逐渐深化的,要透过历史的纷杂表象认识历史的本质,科学的历史观和方法论是非常重要的。唯物史观使历史学成为一门科学,只有运用唯物史观的立场、观点和方法,才能对历史有全面、客观的认识。 |
| | 时空观念 | 时空观念是在特定的时间联系和空间联系中对事物进行观察、分析的意识和思维方式。<br>历史事物都是在特定的、具体的时间和空间条件下发生的,只有在特定的时空框架当中,才可能对任何史事有准确的理解。 |
| | 史料实证 | 史料实证是指对获取的史料进行辨析,并运用可信的史料努力重现历史真实的态度与方法。<br>历史过程是不可逆的,认识历史只能通过现存的史料。要形成对历史的正确、客观的认识,必须重视史料的搜集、整理和辨析,去伪存真。 |
| | 历史解释 | 历史解释是指以史料为依据,对历史事物进行理性分析和客观评判的态度、能力与方法。<br>所有历史叙述在本质上都是对历史的解释,即便是对基本事实的陈述也包含了陈述者的主观认识。人们通过多种不同的方式描述和解释过去,通过对史料的搜集、整理和辨析,辩证、客观地理解历史事物,不仅要将其描述出来,还要揭示其表象背后的深层因果关系。通过对历史的解释,不断接近历史真实。 |
| | 家国情怀 | 家国情怀是学习和探究历史应具有的人文追求,体现了对国家富强、人民幸福的情感,以及对国家的高度认同感、归属感、责任感和使命感。<br>学习和探究历史应具有价值关怀,要充满人文情怀并关注现实问题,以服务于国家强盛、民族自强和人类社会的进步为使命。 |
| 政治 | 政治认同 | 我国公民的政治认同,就是拥护中国共产党的领导,坚持和发展中国特色社会主义,认同中华人民共和国、中华民族、中华文化,弘扬和践行社会主义核心价值观。<br>中国特色社会主义是改革开放以来中国共产党的全部理论和实践的主题,是党和人民历尽千辛万苦、付出巨大代价取得的根本成就。社会主义核心价值观是当代中国精神的集中体现,凝结着全体人民共同的价值追求。认同中国特色社会主义和社会主义核心价值观,才能形成全国各族人民团结奋斗的共同思想基础,坚持中国道路、弘扬中国精神、凝聚中国力量,为实现中华民族伟大复兴 |

续表

| 学科 | 核心素养 | 具 体 表 述 |
|---|---|---|
| | | 的中国梦而奋斗。青少年的政治认同是他们创造幸福生活的精神支柱、价值追求和道德准则；发展政治认同素养，才能牢固树立中国特色社会主义理想信念，成为社会主义合格建设者和可靠接班人。 |
| | 科学精神 | 我国公民的科学精神，就是在认识世界和改造世界的过程中表现出来的一种精神取向，即坚持马克思主义的科学世界观和方法论，能够对个人成长、社会进步、国家发展和人类文明作出正确的价值判断和行为选择。<br>当代中国正经历广泛而深刻的社会变革，正进行宏大而独特的实践创新。在这一社会变革和实践创新的过程中发扬科学精神，必须坚持辩证唯物主义和历史唯物主义基本观点，领会习近平新时代中国特色社会主义思想，认清社会发展规律和阶段性特征，解放思想、实事求是、与时俱进、求真务实，在全面深化改革的进程中，把握发展机遇、应对各种挑战。培养青少年的科学精神，有助于他们形成正确价值取向和道德定力，提高辩证思维能力，立足基本国情、拓展国际视野，在实践创新中增长才干。 |
| | 法治意识 | 我国公民的法治意识，就是尊法学法守法用法，自觉参加社会主义法治国家建设。<br>建设社会主义法治国家，是推进国家治理体系和治理能力现代化的必然要求；全面依法治国，必须坚持党的领导、人民当家作主、依法治国有机统一，坚持依法治国和以德治国相结合，实现科学立法、严格执法、公正司法、全民守法，在全社会树立法治意识。增强青少年法治意识，有助于他们在生活中依法行使权利、履行义务，严守道德底线，维护公平正义，做社会主义法治的忠实崇尚者、自觉遵守者、坚定捍卫者。 |
| | 公共参与 | 我国公民的公共参与，就是有序参与公共事务、承担社会责任，积极行使人民当家作主的政治权利。<br>广泛的公共参与，彰显人民主体地位，是公民行使知情权、参与权、表达权、监督权的表现，有助于更好地表达民意、集中民智，提高国家立法和政府决策的科学性、民主性；有助于鼓励人们热心公益活动，激发社会活力，提高社会治理水平。培养青少年公共参与素养，有益于他们了解民主管理的程序、体验民主决策的价值、感受民主监督的作用，增强公德意识和参与能力，追求更高的道德境界。 |
| 地理 | 人地协调观 | 人地协调观指人们对人类与地理环境之间关系秉持的正确的价值观。<br>人地关系是地理学研究的核心主题。面对不断出现的人口、资源、环境和发展问题，人们越来越深刻地认识到，人类社会要更好地发展，必须尊重自然规律，协调好人类活动与地理环境的关系。<br>"人地协调观"素养有助于人们更好地分析、认识和解决人地关系问题，成为和谐世界的建设者。 |

续表

| 学科 | 核心素养 | 具 体 表 述 |
|---|---|---|
| | 综合思维 | 综合思维指人们运用综合的观点认识地理环境的思维方式和能力。<br>人类生存的地理环境是一个综合体,在不同时空组合条件下,地理要素相互作用,综合决定着地理环境的形成和发展。<br>"综合思维"素养有助于人们从整体的角度,全面、系统、动态地分析和认识地理环境,以及它与人类活动的关系。 |
| | 区域认知 | 区域认知指人们运用空间—区域的观点认识地理环境的思维方式和能力。<br>人类生存的地理环境多种多样,将其划分成不同尺度、不同类型的区域加以认识,是人们认识地理环境复杂性的基本方法。<br>"区域认知"素养有助于人们从区域的角度,分析和认识地理环境,以及它与人类活动的关系。 |
| | 地理实践力 | 地理实践力指人们在考察、实验和调查等地理实践活动中所具备的意志品质和行动能力。<br>考察、实验、调查等是地理学重要的研究方法,也是地理课程重要的学习方式。<br>"地理实践力"素养有助于提升人们的行动意识和行动能力,更好地在真实情境中观察和感悟地理环境及其与人类活动的关系,增强社会责任感。 |
| 艺术 | 艺术感知 | 艺术感知是艺术学习与实践活动的基础,是学生对各艺术门类的艺术语言、艺术形象、思想情感的感受和认知。<br>通过本课程的学习,学生能够了解中国艺术尊重自然、顺应自然、保护自然,以及"天人合一"、"气韵生动"等意象特征。了解世界其他民族艺术语言,在生活、文化和科学情境中感受和领会艺术。通过多种感官,感知各艺术门类的个性与共性要素,形成艺术通感,感受艺术形象,引发情感共鸣。 |
| | 创意表达 | 创意表达是创造性的艺术表现活动,是学生在各种艺术实践中想象力、表现力、创造力的体现。<br>通过本课程的学习,激发学生的想象力和创造力,理解中国艺术虚实相生等表现特征,追求形神兼备的意境美,探索传统艺术的创新。借鉴世界其他民族艺术成果,进行有个性的艺术表现,并将创意表达能力运用到其他学科和生活领域。 |
| | 审美情趣 | 审美情趣是审美愉悦、高雅气质、人文情怀等艺术涵养的体现,是对真善美的精神追求。<br>通过本课程的学习,学生能够感受艺术魅力,形成审美兴趣与爱好,品味中国艺术的意蕴;具有欣赏自然、生活和世界其他民族艺术美的情趣;在生活中营造艺术氛围,养成高雅气质,具有人文情怀和健康的审美价值观;自觉抵制低俗、庸俗、媚俗的现象,提高审美鉴别力。 |
| | 文化理解 | 文化理解是从不同文化的角度认识艺术,体现在艺术鉴赏、文化认同和艺术精神的领悟等方面。 |

续表

| 学科 | 核心素养 | 具 体 表 述 |
|---|---|---|
| | | 通过本课程的学习,参与艺术鉴赏等实践活动,学生能够理解艺术精神,弘扬中华文化艺术优秀传统,提升文化认知,增强中华民族的文化自觉和自信;促进跨文化交流,尊重世界文明多样性,分享世界各民族艺术,加深国际理解。 |
| 音乐 | 审美感知 | 审美感知是指对音乐艺术听觉特性、表现形式、表现要素、表现手段及独特美感的体验、感悟、理解和把握。<br>音乐是以声音为表现媒介的艺术。音乐审美活动在听觉体验和艺术表现中进行。将审美感知作为高中学生的音乐学科核心素养之一,旨在使学生在义务教育阶段基础上,力求对音乐艺术的听觉特性、表现形式、表现要素、表现手段及独特美感具有更加深入的理解和把握,通过课堂教学和课外艺术表演实践,使学生掌握音乐基础知识和基本技能,培育在联觉机制作用下对音乐音响的综合体验、感知和评鉴能力,提升艺术素养和人文修养,吸纳和传承优秀文化、陶冶情操、涵养美感、和谐身心、健全人格,引导学生对崇高人文精神的追求,增强对真善美的讴歌与塑造能力。 |
| | 艺术表现 | 艺术表现是指通过歌唱、演奏、综合艺术表演和音乐编创等活动,表达音乐艺术美感和情感内涵的实践能力。<br>丰富多样的音乐艺术形式,具有鲜明的表演性。将艺术表现作为高中学生的音乐学科核心素养之一,旨在激发学生参与音乐表演和创作实践的兴趣,提高艺术表现水平。学生在其中接受熏陶、把握规律、感受乐趣,并在特定的艺术表现情境中丰富情感、充实心灵、激发想象力、发挥创造力、培养自信心、获得成就感。高中阶段的艺术表现应以培养多数学生能够达到的能力为原则,重在通过艺术表演实践和创造活动,提升学生审美感知和文化理解能力,同时促进学生在集体活动中的人际交往,增进人与人之间的沟通和交流,强化社会责任感。 |
| | 文化理解 | 文化理解是指通过音乐感知和艺术表现等途径,理解不同文化语境中音乐艺术的人文内涵。音乐艺术与社会生活密切相关,不同地域、民族、时代有着不同的音乐文化创造,并直接表现为音乐作品题材、体裁、形式和风格等多方面的差异。优秀音乐作品是对特定社会、文化和历史的理解,反映一个国家、一个民族文化创造的特色、能力和水平。将文化理解作为高中学生的音乐学科核心素养之一,旨在通过音乐课程教学,让学生认识中国民族音乐文化的博大精深及丰富的精神文化内涵,坚定文化自信;让学生了解其他国家的音乐文化,以平等的文化价值观理解世界音乐的多样性。 |
| 美术 | 图像识读 | 图像识读指对美术作品、图形、影像及其他视觉符号的观看、识别和解读。<br>通过本课程的学习,学生能以联系、比较的方法进行整体观看,感受图像的造型、色彩、材质、肌理、空间等形式特征;以搜索、阅读、思考和讨论等方式,识别与解读图像的内涵和意义;从形态、材料、技法、风格及发展脉络等方面识别图像的类别;知道图像在学习、生活和工作中的作用与价值,辨析和解读现实生活中的视觉文化现象和信息。 |

续表

| 学科 | 核心素养 | 具 体 表 述 |
|---|---|---|
| | 美术表现 | 美术表现指运用传统与现代媒材、技术和美术语言创造视觉形象。<br>通过本课程的学习,学生能形成空间意识和造型意识;了解并运用传统与现代媒材、技术,结合美术语言,通过观察、想象、构思和表现等过程,创造有意味的视觉形象,表达自己的意图、思想和情感;联系现实生活,结合其他学科知识,自觉运用美术表现能力,解决学习、生活和工作中的问题。 |
| | 审美判断 | 审美判断指对美术作品和现实中的审美对象进行感知、评价、判断与表达。<br>通过本课程的学习,学生能感受和认识美的独特性和多样性,形成基本的审美能力,显示健康的审美趣味;用形式美原理和其他知识对自然、生活和艺术中的审美对象进行感知、描述、分析和评价;通过语言、文字和图像等方式表达自己的审美感受,用美术的方式美化生活和环境。 |
| | 创意实践 | 创意实践指在美术活动中形成创新意识,运用创意思维和创造方法。<br>通过本课程的学习,学生能养成创新意识,学习和借鉴美术作品中的创意和方法,运用形象思维,尝试创作有创意的美术作品;联系现实生活,通过各种方式搜集信息,进行分析、思考和探究,对物品和环境进行符合实用功能与审美要求的创意构想,并以草图、模型等予以呈现,不断加以改进和优化。 |
| | 文化理解 | 文化理解指从文化的角度观察和理解美术作品、美术现象和观念。<br>通过本课程的学习,学生能逐渐形成从文化的角度观察和理解美术作品、美术现象和观念的习惯,了解美术与文化的关系;认识中华优秀传统美术的文化内涵及独特艺术魅力,坚守中华文化立场,坚定文化自信;理解不同国家、地区、民族和时代的美术作品所体现的文化多样性,欣赏外国优秀的美术作品;尊重艺术家、设计师和手工艺者及其创造的成果和对人类文化的贡献。 |
| 体育 | 运动能力 | 运动能力是体能、技战术能力和心理能力等在身体活动中的综合表现,是人类身体活动的基础。运动能力分为基本运动能力和专项运动能力。<br>基本运动能力是从事生活、劳动和运动所必需的能力;专项运动能力是参与某项运动所需要的能力。运动能力的具体表现形式为体能状况、运动认知与技战术运用、体育展示与比赛。 |
| | 健康行为 | 健康行为是增进身心健康和积极适应外部环境的综合表现,是提高健康意识、改善健康状况并逐渐形成健康文明生活方式的关键。<br>健康行为包括养成良好的锻炼、饮食、作息和卫生习惯,控制体重,远离不良嗜好,预防运动损伤和疾病,消除运动疲劳,保持良好心态,适应自然和社会环境的能力等。健康行为的具体表现形式为体育锻炼意识与习惯、健康知识掌握与运用、情绪调控、环境适应。 |

续表

| 学科 | 核心素养 | 具体表述 |
|---|---|---|
| | 体育品德 | 体育品德是指在体育运动中应当遵循的行为规范以及形成的价值追求和精神风貌，对维护社会规范、树立良好的社会风尚具有积极作用。<br>体育品德包括体育精神、体育道德和体育品格三个方面：体育精神包括自尊自信、勇敢顽强、积极进取、超越自我等；体育道德包括遵守规则、诚信自律、公平正义等；体育品格包括文明礼貌、相互尊重、团队合作、社会责任感、正确的胜负观等。体育品德的具体表现形式为体育精神、体育道德和体育品格。 |
| 通用技术 | 技术意识 | 技术意识是对技术现象及技术问题的感知与体悟。<br>学生能形成对人工世界和人技关系的基本观念，技术的规范、标准与专利意识；能就某一技术领域对人、社会、环境的影响作出一定的理性分析，形成技术的安全和责任意识、生态文明与环保意识、技术伦理与道德意识；能把握技术的基本性质，理解技术与人类文明的有机联系，形成对技术文化的理解与主动适应。 |
| | 工程思维 | 工程思维是以系统分析和比较权衡为核心的一种筹划性思维。<br>学生能认识系统与工程的多样性和复杂性；能运用系统分析的方法，针对某一具体技术领域的问题进行要素分析、整体规划，并运用模拟和简易建模等方法进行设计；能领悟结构、流程、系统、控制等基本思想和方法并加以运用，能进行简单的风险评估和综合决策。 |
| | 创新设计 | 创新设计是指基于技术问题进行创新性方案构思的一系列问题解决过程。<br>学生能在发现与明确问题的基础上，收集相关信息，并运用人机关系及相关理论进行综合分析，提出符合设计原则且具有一定创造性的构思方案；能进行技术性能和指标的技术试验、技术探究等实践操作，准确地观测、记录与分析；能综合各种社会文化因素评价设计方案并加以优化。 |
| | 图样表达 | 图样表达是指运用图形样式对意念中或客观存在的技术对象进行可视化的描述和交流。<br>学生能识读简单的机械加工图及控制框图等常见技术图样；能分析技术对象的图样特征，会用手工和二维、三维设计软件绘制简单的技术图样等；能通过图样表达设计构想，用技术语言实现有形与无形、抽象与具体的思维转换。 |
| | 物化能力 | 物化能力是指采用一定的工艺方法等将意念、方案转化为有用物品，或对已有物品进行改进与优化的能力。<br>学生能知道常见材料的属性和常用工具、基本设备的使用方法，了解一些常见工艺方法，并形成一定的操作经验积累和感悟；能根据方案设计要求，进行材料选择、测试与规划，工具选择与使用，工艺设计与产品制作等；能独立完成模型或产品的成型制作、装配及测试，具有较强的动手实践与创造能力。能体验工匠精神对技术制造质量的独特作用，形成物化过程中严谨细致、精益求精、追求卓越的工作态度。 |

续表

| 学科 | 核心素养 | 具体表述 |
|---|---|---|
| 信息技术 | 信息意识 | 信息意识是指个体对信息的敏感度和对信息价值的判断力。<br>具备信息意识的学生能够根据解决问题的需要,自觉、主动地寻求恰当的方式获取与处理信息;能够敏锐感觉到信息的变化,分析数据中所承载的信息,采用有效策略对信息来源的可靠性、内容的准确性、指向的目的性作出合理判断,对信息可能产生的影响进行预期分析,为解决问题提供参考;在合作解决问题的过程中,愿意与团队成员共享信息,实现信息的更大价值。 |
| | 计算思维 | 计算思维是指个体运用计算机科学领域的思想方法,在形成问题解决方案的过程中产生的一系列思维活动。<br>具备计算思维的学生,在信息活动中能够采用计算机可以处理的方式界定问题、抽象特征、建立结构模型、合理组织数据;通过判断、分析与综合各种信息资源,运用合理的算法形成解决问题的方案;总结利用计算机解决问题的过程与方法,并迁移到与之相关的其他问题解决中。 |
| | 数字化学习与创新 | 数字化学习与创新是指个体通过评估并选用常见的数字化资源与工具,有效地管理学习过程与学习资源,创造性地解决问题,从而完成学习任务,形成创新作品的能力。<br>具备数字化学习与创新的学生,能够认识数字化学习环境的优势和局限性,适应数字化学习环境,养成数字化学习与创新的习惯;掌握数字化学习系统、学习资源与学习工具的操作技能,用于开展自主学习、协同工作、知识分享与创新创造,助力终身学习能力的提高。 |
| | 信息社会责任 | 信息社会责任是指信息社会中的个体在文化修养、道德规范和行为自律等方面应尽的责任。<br>具备信息社会责任的学生,具有一定的信息安全意识与能力,能够遵守信息法律法规,信守信息社会的道德与伦理准则,在现实空间和虚拟空间中遵守公共规范,既能有效维护信息活动中个人的合法权益,又能积极维护他人合法权益和公共信息安全;关注信息技术革命所带来的环境问题与人文问题;对于信息技术创新所产生的新观念和新事物,具有积极学习的态度、理性判断和负责行动的能力。 |
| 英语 | 语言能力 | 语言能力指在社会情境中,以听、说、读、看、写等方式理解和表达意义的能力,以及在学习和使用语言的过程中形成的语言意识和语感。<br>英语语言能力是构成英语学科核心素养的基础要素。英语语言能力的提高蕴含文化意识、思维品质和学习能力的提升,有助于学生拓展国际视野和思维方式,开展跨文化交流。 |
| | 文化意识 | 文化意识指对中外文化的理解和对优秀文化的认同,是学生在全球化背景下表现出的跨文化认知、态度和行为取向。<br>文化意识体现英语学科核心素养的价值取向。文化意识的培育有助于学生增强国家认同和家国情怀,坚定文化自信,树立人类命运共同体意识,学会做人做事,成长为有文明素养和社会责任感的人。 |

附 录

| 学科 | 核心素养 | 具 体 表 述 |
|---|---|---|
| | 思维品质 | 思维品质指思维在逻辑性、批判性、创新性等方面所表现的能力和水平。思维品质体现英语学科核心素养的心智特征。<br><br>思维品质的发展有助于提升学生分析和解决问题的能力，使他们能够从跨文化视角观察和认识世界，对事物作出正确的价值判断。 |
| | 学习能力 | 学习能力指学生积极运用和主动调适英语学习策略、拓宽英语学习渠道、努力提升英语学习效率的意识和能力。<br><br>学习能力构成英语学科核心素养的发展条件。学习能力的培养有助于学生做好英语学习的自我管理，养成良好的学习习惯，拓宽学习渠道，提高学习效率。 |

# 附录 B  单元"多位数乘一位数"共同形成性评价的开发成果

## B1  "多位数乘一位数"单元教学方案修改稿

- ◆ 课程类型：国家课程
- ◆ 授课时间：6课时
- ◆ 授课对象：小学三年级
- ◆ 教学材料：人教版小学数学三年级上册第六单元
- ◆ 授课教师：杭二中白马湖学校小学部数学组

### 一、确定单元学习目标

**课程标准：**《义务教育数学课程标准(2011修订)》
1. 运算能力主要是指能够根据法则和运算律正确地进行运算的能力。培养运算能力有助于学生理解运算的算理，寻求合理简洁的运算途径解决问题。(p6)
2. 掌握必要的运算技能，能准确进行运算。(p10)
3. 能口算一位数乘两位数，能计算一位数乘两位数和三位数的乘法，能结合具体情境，选择适当的单位进行简单估算，运用数及数的运算解决生活中的简单问题。(p17)

| 大观念 | 主要问题 |
|---|---|
| 乘法是加法的简便运算。<br>笔算就是记录计算过程。 | 你是怎样算的？<br>每一步计算出来的结果表示什么？ |

**知能目标**
知：结合不同的具体情境和具体问题，借助旧知有效迁移，理解算理，掌握算法。
能：会正确计算多位数乘一位数，解决相关的实际问题。
**分目标**
1. 能够比较熟练地口算整十、整百、整千数乘一位数，两位数乘一位数(不进位)。
2. 经历多位数乘一位数的计算过程，明白竖式中每一步计算的含义，掌握多位数乘一位数的计算方法。

续表

3. 能够结合具体情境,选取恰当的策略进行乘法估算,并说明估算的思路。
4. 能够运用所学知识解决日常生活中的简单问题,提高解决问题的能力。

二、评价依据

| 表现性任务 | 其他证据 |
|---|---|
| 1. 口述或画出多位数乘一位数的口算、笔算计算方法与过程。<br>2. 结合具体情境,选择合理简洁的运算途径解决问题,并说明是如何解决的。 | 1. 完成作业本。<br>2. 完成随堂练习。<br>3. 完成单元复习学习单。<br>4. 单元测试。 |

三、学习计划

**前测总体分析**

绝大多数学生可以口算简单的多位数乘一位数的乘法,而对于多位数乘一位数的估算,则基础欠佳,容易把估算当成计算;三分之一的学生对于笔算乘法有一定的了解,但对于算理、算法仍不够明晰;大部分学生可以利用简单的乘法计算解决实际问题。

| 学习主题 | 学习目标 | 学习活动 |
|---|---|---|
| 整十、整百数乘一位数的口算与应用<br>(1课时) | 1. 经历探索整十、整百数乘一位数口算方法的过程,理解并掌握整十、整百数乘一位数的口算方法,能正确进行相关口算。<br>2. 结合具体情境,初步掌握用估算解决问题的思考过程和方法。<br>3. 加深对乘法意义的理解,感受数学与生活的联系。 | 1. 复习表内乘法、数的组成。<br>2. 整十、整百乘一位数的口算:<br>(1) 坐碰碰车每人20元,3人需要多少钱?<br>(2) 探究算理:是怎么计算的?为什么去掉0?你更喜欢哪种方法?<br>3. 一位数乘整十、整百、整千怎样计算简便?<br>4. 运用估算解决问题:<br>(1) 门票8元/人,三(1)班有29人参观,250元够吗?<br>(2) 如果92人参观,700元够吗?800元够吗?<br>对比一下两种方法,哪种方法能更快的判断出够不够?为什么不估小/估大?<br>5. 练习提高:<br>(1) 口算练习<br>(2) 王伯伯家一共摘了180千克苹果。一个箱子最多能装32千克,6个箱子能装下这些苹果吗?<br>6. 今天你有什么收获? |
| 多位数乘一位数的口算与笔算<br>(1课时) | 1. 能够比较熟练地口算整十、整百、整千数乘一位数,通过迁移类推总结多位数乘一位数口算的简便算法,提高口算能力。 | 1. 口算与估算练习。<br>2. 小组合作:想一想、摆一摆、写一写、说一说。3盒彩笔,每盒12支。看到了哪些数学信息?提出什么数学问题?应该怎样列式计算?<br>3. 理解算理:<br>(1) $10 \times 3 = 30$, $2 \times 3 = 6$, $30 + 6 = 36$ |

附 录

续表

| 学习主题 | 学习目标 | 学习活动 |
|---|---|---|
| | 2. 理解多位数乘一位数的笔算乘法（不进位）的计算算理，经历多位数乘一位数的笔算乘法（不进位）的优化过程，探索并掌握计算方法和竖式的书写格式，会正确地进行计算，发展分析、综合能力和合情推理能力。<br>3. 培养独立思考、合作交流的学习方法和积极的学习态度，体验竖式的简洁美，体会数学与生活的实际联系。 | (2)　　1 2　　　　1 2<br>　　×　3　　　×　3<br>　　—————　　—————<br>　　3 6　　　　　6<br>　　　　　　　　3 0<br>　　　　　　　—————<br>　　　　　　　　3 6<br>(3) 为什么3乘完个位后还要再乘十位？<br>(4) 更喜欢哪一种算式？仔细观察这两种方法，他们之间有什么样的关系呢？<br>4. 练一练。<br>5. 这节课你学到了什么？ |
| 多位数乘一位数笔算<br>（1课时） | 1. 借助小棒的直观演示，经历多位数乘一位数"满十向十位进一"算理的形成过程，并以此为经验类推理解"满几十就向前一位进几"的算理。<br>2. 在小棒的直观演示中沟通算理和算法，理解并掌握笔算多位数乘一位数（一次进位）的计算顺序，并能正确进行计算。<br>3. 在探究算法的过程中，培养独立探究、比较分析、合作交流的能力。 | 1. 探究一次进位的笔算乘法：<br>观察主题图，知道了哪些数学信息？提出什么数学问题？怎么列式？<br><br>2. 用图或算式表示 $16 \times 3$ 的计算方法：<br>(1) $\underline{16+16+16}=48$<br>　　　　32<br>(2) $10 \times 3=30, 6 \times 3=18, 30+18=48$<br>(3)<br>　　$16 \times 3 = 48$<br>　　　　└─┬─┘<br>　　　　　18<br>　　　　　30<br>能在小棒图中找出这种算法的计算过程吗？"18"、"30"、"48"分别表示哪一部分？ |

续表

| 学习主题 | 学习目标 | 学习活动 |
| --- | --- | --- |
| | | (4)　　1 6　　　　1 6<br>　　　× 　3　　　×₁ 3<br>　　　―――　　　―――<br>　　　1 8　　　　4 8<br>　　　3 0<br>　　　―――<br>　　　4 8<br><br>第二种方法与第一种有什么相同之处？有什么不同之处？<br>3. 说 16×3 的计算过程。<br>4. 类推"满几十进几"的算理：<br><br>　　　1 7　　　　2 1 8<br>　　× 　3　　　× 　　4<br><br>5. 不同计算方法之间有什么关系？<br><br>6. 探究连续进位的笔算乘法：<br>一共买了多少本？<br><br>7. 刚才我们所做的两道题与之前所做的笔算乘法有什么不同吗？有什么相同之处吗？<br>8. 课堂巩固。<br>9. 本节课你学到了关于笔算的哪些知识？ |

续表

| 学习主题 | 学习目标 | 学习活动 |
|---|---|---|
| 一个因数中间或末尾有零的乘法与应用（1课时） | 1. 在解决问题的过程中理解0乘以任何数都得零。<br>2. 在解决问题的过程中，理解有零乘法的算理，并能够正确计算。<br>3. 经历优化的过程，选择合适的方法计算因数中间和末尾有零的乘法。 | 1. 小明和他的爸爸妈妈去跑步，路上他们口渴了，把水都喝光了。小明现在有几瓶水？爸爸有几瓶水？妈妈有几瓶水？请问现在一共有几瓶水？你是怎样算的？<br>2. 中间有0的乘法：小明每圈跑了508 m，跑了3圈，请问小明一共跑了多少米？<br>对于这个竖式，想提醒大家什么？<br>3. 练习：<br>(1) 403×9，506×8<br>(2)　207　　304　　409　　503<br>　　×　8　×　5　×　6　×　3<br>　　1 6(5)6　1 5(2)0　2 4(5)4　1 5(0)9<br>为什么最后一道题的十位是0呢？能出一道中间有零的乘法，结果的十位是0吗？<br>4. 拓展计算方法：这样算能看懂吗？<br>　　4 1 3　　　　　4 1 3<br>× 　　6　　　　×　　6<br>　2 4 1 8　　　　2 4 7 8<br>　　　6<br>　2 4 7 8<br>5. 末尾有0的乘法：爸爸每圈跑580 m，也跑了3圈，请问爸爸跑了多少米？<br>　　5 8 0　　　　　5 8 0<br>×　　3　　　　×　3<br>　1 7 4 0　　　　1 7 4 0<br>第二种方法是怎样做的？<br>6. 巩固。 |
| 归一与归总问题解决（1课时） | 1. 经历从直观图示中抽象出数量关系的过程，从不同情境中概括出共同的模型，初步感知归一归总问题的解决方法。<br>2. 沟通图形、表格，及具体数量之间的联系，通过形数结合的训练，提高比较、分析和综合的能力。 | 1. 整个图形表示10，红色三角形表示多少？<br><br>2. 数形结合：下列图形中红色部分表示多少？<br><br>3. 如果蓝色部分表示10，能求解吗？ |

146

续表

| 学习主题 | 学习目标 | 学习活动 |
|---|---|---|
| | 3. 通过参与现实性的数学活动，提高学习积极性，借助归一、归总的实际应用，内化归一、归总思想，提高综合素养。 | 先求出什么量，在哪个算式上可以表示出个数量？<br>4. 小组合作：根据算式10÷5×2来出题，形式不定，计时5分钟。<br>5. 题目对比，区分思路：对比10÷5×2与10×5÷2两组题目，有什么发现吗？<br>6. 梯度练习：<br>(1) 表示42 你还可以提出什么问题？<br>一份是2<br>　　　　绿色　白色　蓝色<br>总数　14　　24　　10<br>份数　 7　　12　　 5<br>　　　14÷7×12　14÷7×5<br><br>(2) 今天大课间304班同学们，进行变换队形比赛　　知道总数是30<br>人数　15　15×2÷3　15×2÷5　15×2÷6<br>　　　　　 =10　　　=6　　　=5<br>几排　 2　　3　　　　5　　　　6<br><br>(3) 在变换队形比赛中，在规定时间内完成比赛的班级可以获得奖牌。先有3个班级完成，奖励了6块奖牌，每班奖励一样，又有9个班级完成。<br>a. 9个班奖励多少块？<br>b. 一共奖励几块奖牌？<br>c. 两次相差几块奖牌？<br>(4) 要修一条公路，原计划每天修45米，8天完成，现在要求提前2天完成，平均每天应多修多少米？<br>7. 你有什么收获吗？ |
| 单元复习<br>(1课时) | 1. 巩固"多位数乘一位数"口算、估算、笔算方法，在熟练进行三算的同时发展数感。<br>2. 整理本单元学习内容，构建一定的知识网络。<br>3. 能使用一定的策略解决生活中运用"多位数 | 1. □□□×□说出一道最喜欢的算式，编一道乘积最大的算式。<br>2. □□□×□两个因数相加的和为204，写出所有可能的算式(有序)。<br>(1) 2×4、200×40……怎么计算？有什么特点？<br>(2) 剩下几题要怎么估算？哪些是估大？哪些是估小？<br>(3) 如果想准确的算出结果，应该怎么办？ |

附 录

续表

| 学习主题 | 学习目标 | 学习活动 |
| --- | --- | --- |
| | 乘一位数"的乘法计算的实际问题,并加强估算意识。<br>4. 提升化归、归类等数学思想,发展数学品质。 | (4) 观察这几道题,根据它们的特点分类。<br>3. 综合练习:<br>(1) 判断对错。<br>193×8=□□□2   238×7=13□6<br>(2) 填">""<"或"="。<br>123×7○122×7   200×4○400×2   100×7○99×8<br>(3) 解决问题。<br>a. 上周科创节完美落幕,每个班都上交了同学们优秀的作品,四年级 4 个班上交了 32 幅作品,照这样计算,6 个班一共上交多少幅作品?<br>b. 在趣味实验赛中,四(1)班原定分为 4 组,每组有 6 名同学,现在改为每组 8 名同学,现在可以分几组?<br>4. 这节课我们复习了什么? |

## B2　单元的后测试题

**小学数学三年级上第六单元检测卷**

班级:　　　　姓名:

**一、填空。**

1. 三位数乘一位数的积可能是(　　)位数,也可能是(　　)位数。
2. 书店开展"满 200 减 30 元"的促销活动。小明买了一套科技书,共有 8 本,每本 26 元钱。小明实际只需付(　　)元。
3. 最大的三位数与最大的一位数相乘的积是(　　)。
4. 计算 3□×7 算时,丁丁把第一个因数十位上的"3"看成了"8",算得的结果比正确的得数多(　　)。
5. 183 的 9 倍是(　　);8 个 194 是(　　)。
6. 要使"341×□"的积是三位数,□内最大可以填(　　),要使积是四位数,□内最小可填(　　)。
7. 480×5 的积末尾有(　　)个 0;405×5 的积中间有(　　)个 0;203×7×6 积的个位上是(　　)。
8. 198+199+200+201+202=(　　)×5=(　　)。
9. 用 2、5、8、9 这 4 个数字组成一个三位数乘一位数的算式(每个数字只能用一次),乘积最大是(　　),最小是(　　)。
10. 237×4×5×6×7×0=(　　)。

**二、判断。**

1. 两个因数相乘,积一定比每个因数都大。　　　　　　　　　　　　　　(　　)
2. 1+3+5+7+0<2×4×6×8×0。　　　　　　　　　　　　　　　　　　(　　)
3. 207×4=20×4+7×4。　　　　　　　　　　　　　　　　　　　　　　(　　)
4. 在计算 268×7 时,用"6×7"得到的 42 表示 42 个十。　　　　　　　　(　　)

5. 因为684接近700,所以684的积大约是2100。 (  )

### 三、选择。

1. 红花有8朵,黄花有52朵,如果红花数量不变,要使黄花数量是红花的7倍,黄花需要(  )。
   A. 增加4朵  B. 减少4朵  C. 增加12朵  D. 减少12朵

2. 黄老师请同学们为数学信息"买3支彩笔共需要12元"补充问题,下面这些问题,能用于补充问题解决的是(  )。
   A. 买12支这样的彩笔要多少钱  B. 8元钱能买多少支这样的彩笔
   C. 每支这样的彩笔要多少钱  D. 买8支这样的彩笔要多少钱

3. 周日游乐园里的小朋友可真多啊!坐小飞机的有8人,玩过山车的人数比坐小飞机的6倍多6人,要求"玩过山车的有多少人?"列式正确的是(  )
   A. 8×6  B. 8+6  C. 8×6+6  D. 8×6−6

4. 一头牛每天吃草20千克,吃了5天,如果每天吃草25千克,这些草够吃多少天?正确的列式是(  )。
   A. 20×5÷25  B. 25×5÷20  C. 20×25÷5

5. 2□7×8是一道三位数乘一位数的算式,那么下面4个数中(  )不可能是它的得数。
   A. 1656  B. 2056  C. 2216  D. 2456

6. 估算2□8×5,要使它的积最接近1500,□里的数选(  )最合适。
   A. 1  B. 7  C. 5  D. 8

### 四、在○里填上>、<或=。

205×8○304×5     270×6○720×0×6     750×6○705×9
360×4○340×6     160×5○150×6      250×4○143×7

### 五、计算。

1. 口算。

260−0=          72÷8=          302×4=          131×0=
450−70=         102×4=         700×4=          93+40=
398×5≈          21×5≈          102×4≈          510×9=

2. 竖式计算。

359×3=          625×8=         3290×3=         9×308=

3. 递等式计算。

501−3×123      98×4+329       209×(76−68)     362×2+213

4. 想一想,□里可以填几?

```
  □0□           □9□            5 8           6 1□
×   4         ×   3          ×  □         ×   4
─────         ─────          ─────         ─────
 8 2 8         8□4            4□6          □□7 6
```

### 六、解决问题。

1. 同学们去公园划船。每12人一组,需要6条船;如果每9人一组,需要多少条船?

2. 豆腐坊用5千克黄豆做了20千克豆腐。照这样计算,用235千克黄豆可做多少千克豆腐?

3. 王奶奶和她的3个朋友一起报名参加"安吉两日游"旅游团,去安吉游玩,每人的费用是396元,若带1500元够吗?

4. 一列火车挂了10节车厢,共有1142个座位,其中9节车厢各有118个座位,另一节车厢有多少个座位?

5. 学校栽了39棵桂花树,29棵松柏,栽的樟树的棵数是桂花树和松柏总数的3倍。栽了多少棵樟树?

## B3 两次听评课活动对应的课时教案

### "整十整百数乘一位数的口算及估算"教案①(1)

**【教学内容】**

教材 p56/57 例 1,p70 例 7

**【课时安排】**

1课时

**【教学目标】**

1. 经历探索整十、整百数乘一位数口算方法的过程,理解并掌握整十、整百数乘一位数的口算方法,能正确进行相关口算。

2. 结合具体情境,初步掌握用估算解决问题的思考过程和方法。

3. 加深对乘法意义的理解,感受数学与生活的联系。

**【教学重难点】**

教学重点:整十、整百数乘一位数的口算

---

① "多位数乘一位数"单元第一课时。

教学难点：整十整百数乘一位数的估算及应用

【教学准备】

课件

【教学过程】

一、复习导入

1. 复习表内乘法

2. 复习数的组成

二、学习整十、整百数乘一位数的口算

1. 出示主题图

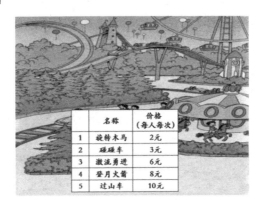

(1) 游乐园里都藏着哪些数学知识呢？

(2) 呈现题目(坐碰碰车每人20元,3人需要多少钱?)怎样列式？

2. 探究算理

(1) 你是怎样计算的？你能摆一摆小棒，表示出算式的含义吗？谁来说一说，为什么这样摆？

预设1：表示3个20

预设2：20＋20＋20

预设3：2设＋20＋2 先去掉一个零

(2) 这里的2其实是(指小棒图)？

师小结：也就是2个十乘3等于6个十。

(引导得出：3乘20代表3乘2个十，就是6个十，是60。)

(3) 我们用了这几种方法来解决这个数学问题,你更喜欢哪种方法?

3. 整百数乘一位数

(1)(200 数一位)这里的 2 其实是指 2 个百?

(引导得出:这里是 2 个百乘 3 等于 6 个百是 600。)

4. 口算练习

(1) 你发现一位数乘整十、整百、整千怎样计算简便?

### 三、运用估算解决问题

1. 接下来我们进入游乐园,他们好像遇到了点困难?你能帮他们解决吗?

(1) 三(1)班有 29 人参观,带 250 元买门票够吗?

要求:先独立思考,写出解决问题的过程;再小组交流自己的想法;全班进行交流,反馈方法。

2. 探究用估算解决问题

(1) 不计算,怎样用估算的方法解决问题?把这个两位数估成近似数就可以了么?

小结:这里还需要考虑估大还是估小。

3. 理解运用估大、估小。

(1) 接下去,变成 92 人去游乐园,又怎么解决呢?(估小)

(2) 那 800 元呢?还是这么做吗?为什么要估成 100?90 不是更接近 92 吗?(估大)

小结:并不是所有的题目都估成最接近的数,而是要根据实际情况,看到底是估大能判断,还是估小能判断。

4. 估算练习:王伯伯家一共摘了 180 千克苹果。一个箱子最多能装 32 千克,6 个箱子能装下这些苹果吗?

### 四、全课小结

今天你有什么收获?

## "整十整百数乘一位数的口算及估算"教案[①](2)

### 【教学内容】

教材 p56/57 例 1,p70 例 7

---

① "多位数乘一位数"单元第一课时,为经过听评课后修改的教案。

【课时安排】

1课时

【教学目标】

1. 经历探索整十、整百数乘一位数口算方法的过程,理解并掌握整十、整百数乘一位数的口算方法,能正确进行相关口算。

2. 结合具体情境,初步掌握用估算解决问题的思考过程和方法。

3. 加深对乘法意义的理解,感受数学与生活的联系。

【教学重难点】

教学重点:整十、整百数乘一位数的口算

教学难点:整十、整百数乘一位数的估算及应用

【教学准备】

课件

【教学过程】

一、复习导入

1. 复习表内乘法

2. 复习数的组成

二、学习整十、整百数乘一位数的口算

1. 出示主题图

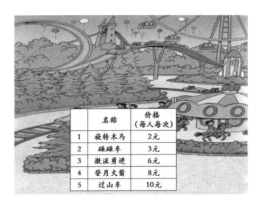

(1)游乐园里都藏着哪些数学知识呢?

(2) 呈现题目(坐碰碰车每人20元,3人需要多少钱?)怎样列式?

2. 探究算理

(1) 你是怎样计算的?你能摆一摆小棒,表示出算式的含义吗?谁来说一说,为什么这样摆?

预设1:表示3个20(数的组成)

预设2:20+20+20(加法)

预设3:2设法中0+2先去掉一个零(遮0补0)

(2) 为什么要去掉0?这里的2其实是(指小棒图)?

师小结:也就是2个十乘3等于6个十

(引导得出:3乘20代表3乘2个十,就是6个十,是60)

(3) 我们用了这几种方法来解决这个数学问题,你更喜欢哪种方法?

3. 整百数乘一位数

(1) (200数一位)这里的2其实是指2个百?

(引导得出:2个百乘3等于6个百是600)

4. 口算练习

(1) 你发现一位数乘整十、整百、整千怎样计算简便?

### 三、运用估算解决问题

1. 接下来我们进入游乐园,他们好像遇到了点困难?你能帮他们解决吗?

(1) 三(1)班有29人参观,带250元买门票够吗?

要求:先独立思考,写出解决问题的过程;再小组交流自己的想法;全班进行交流,反馈方法。(教师列出精算算式)

2. 探究用估算解决问题

(1) 不计算,怎样用估算的方法解决问题?为什么要把29估成30?把这个两位数估成近似数就可以了么?

(2) 29近似了的积到底比250大还是小呢?(展示数轴让学生更好地去理解。)

小结:对比一下两种方法,你觉得哪种方法能更快地判断出够不够?

3. 理解运用估大、估小。

(1) 接下去,变成92人去游乐园,又怎么解决呢?(估小、用数轴展示)

(2) 那 800 元呢？还是这么做吗？为什么要估成 100？为什么不估小？（估小、用数轴展示）

小结：根据实际情景，看到底是估大能判断还是估小能判断。

4. 练习提高

(1) 口算练习

(2) 估算练习：王伯伯家一共摘了 180 千克苹果。一个箱子最多能装 32 千克，6 个箱子能装下这些苹果吗？

四、全课小结

今天你有什么收获？

# 附录 C　共同形成性评价常见实施工具集萃[①]

## C1　团队的工作周期

| 准备 |
| --- |
| **引导性问题** |
| ● 为实现团队目标，我们应遵循什么准则？ |
| **团队的工作和成果** |
| ● 通过共识建立团队规范，并至少每年审查一次。 |

| 计划 |
| --- |
| **引导性问题** |
| ● 我们最紧迫的需求是什么？为什么？ |
| ● 这一年内，我们通过什么行动计划来达成这一需求？ |
| ● 研究中是怎样表述如何改进的？哪些事情是我们已经在做的且可以继续努力的？ |
| ● 我们应该收集哪些数据来监测变化？我们需要设计一个共同形成性评价吗？ |
| **团队的工作和成果** |
| ● 分析数据，确定最紧迫的需求并制定合理的目标(长期或短期)。 |
| ● 行动计划(1)满足特定需求，并概述如何通过形成性的和总结性的措施确定需要采取的具体步骤和收集的数据来改进学习；(2)说明团队将如何实施计划、审查结果和根据调查结果(例如课例研究、观察、演练和团队反馈)改进实践。 |

---

① 这些工具修改自：Kim, B., & Chris, J. Common Formative Assessment: A Toolkit for Professional Learning Communities at Work [M]. Bloomington, IN: Solution Tree, 2012: 98-119.

**执行**
**引导性问题**
- 我们的计划执行得怎么样了？我们是在收集数据吗？我们还需要了解更多方面吗？我们是否在将商定的策略付诸实践？
- 在实践中，是否存有妨碍我们干预或变革的障碍？我们如何相互支持？我们可以利用哪些资源来支持实施？

**团队的工作和成果**
- 执行行动计划中确定的事项，包括共同形成性评价。
- 监测新策略的实施情况。
- 收集行动计划中规定的中期数据。

**研究**
**引导性问题**
- 学生的学习发生了什么变化？
- 变化率和我们预期的一样吗？更多？或者更少？我们有没有落下谁？
- 我们应该把这些变化归因于什么？
- 我们还需要收集其他数据吗？

**团队的工作和成果**
- 检查学生作业、共同评价的结果和其他方面，以确定我们的行动对学生学习的影响。
- 确定可能需要的其他信息。

**处理**
**引导性问题**
- 我们达到目标了吗？在整个过程中学到了什么？
- 对于这方面的持续改进，我们有什么建议吗？
- 我们怎样才能获得成效呢？下一步应该怎么做？
- 我们是如何合作的？

**团队的工作和成果**
- 确定任何需要立即采取的行动或调整（再教学、课程调整、干预）。
- 为下一步工作提出建议。
- 评审小组的表现（规范）。

## C2 合理的目标和工作计划表

当前状态 → 理想状态（我们的合理的目标）→ 造成目标和现实差距的可能的原因？

**当前状态：**
- 数据显示最紧迫的需求是什么？
- 我们必须关注哪些特定的技能和概念？

**理想状态（我们具体会做什么？到什么程度，什么时间？用什么来衡量？）**

例子：到2004年6月，我们将有90%的学生能写出一篇完整的有说服力的文章，并在我们地区写作标准中获得3分的成绩。

**造成目标和现实差距的可能的原因？**
- 我们所教授的课程真的符合标准吗？
- 我们是否有效地安排教学顺序？
- 我们是否在使用形成性评价数据监测情况？这些信息是否用于持续调整教学？学生是否熟悉评价词汇和格式？
- 我们是否在使用有效的教学策略？
- 我们是否使用的工具和材料是否有效地支撑教学？
- 我们是否通过提供额外的时间和支持来满足成绩欠佳学生的需要？

**行动计划和监测工具**

为实现这一目标，我们一步一步的计划是什么？我们可以使用（或创建）什么工具来检查学生是否在进步（或句话说，我们的计划是否有效）？

| 行动步骤 | 成功或完成的证据 |
|---|---|
|  |  |
|  |  |
|  |  |
|  |  |
|  |  |

## C3　解读课程标准的议程示例

**指导说明**

让团队成员重新认识今天的目标、目的以及解构标准的重要性。

目的——通过对技能和概念、大观念以及潜在的主要/指导性问题的检查,使团队明确能力标准。

为什么这很重要?——当所有的教师都同意课程的优先顺序,当学生们都清楚他们想学什么时,学习的最高水平就出现了。通过解构标准,我们都可以确保关注的是标准中所包含的相同学习目标。这将帮助我们创建一致的教学和共同评价。

**所需的材料和设备**

- 所选内容区域的标准副本
- 解构模板/结构图
- 参考资料(标准框架,分类学)
- 团队进程中所用的设备和材料(文档相机、投影仪、图表、论文)

**解读过程**

- 确保每个人都有从能力标准中所选定标准的副本。
- 让团队成员圈出标准中包含的关键动词(技能)和名词(概念)。
- 使用结构图/模板,共同重组概念("应知"名词)和技能("所能"动词)。团队中每个成员并非使用同一个结构图。(指导说明:您可以使用文档相机、投影仪、图表纸或白板来完成此操作。)
- 确定必须加强或巩固的学术语言。
- 检查确定的技能列表,并使用首选分类法讨论与每种技能相关的思维水平。
- 确定标准背后的大观念。
- 确定能引出大观念的主要问题,并作为教学重点。

## C4 逆向设计的解构模板

| 引导性问题 |
| --- |
| ● 在本教学单元中,我们的教学优先顺序是什么?(哪一标准或目标?)<br>● 在本教学单元结束时,我们希望学生知道什么、能做什么?(学习目标是什么?)<br>● 有哪些证据可以证明学生掌握了这些技能和概念?(完成评价题目将会表现出什么?) |

| 学习目标 | | 思维水平(布鲁姆、马尔扎诺或韦伯的分类)① | 评价题目类型(书面表达、多项选择等等) |
| --- | --- | --- | --- |
| 概念 | 学生将知道……<br>(简单概念) | | |
| | 学生将知道……<br>(复杂概念) | | |
| 技能 | 学生将能够…… | | |
| 支持标准的词汇 | | | |

| 布鲁姆的分类(修订版) | 马尔扎诺的分类 | 韦伯的知识深度 |
| --- | --- | --- |
| 记忆 | 水平1:提取 | 回忆与再现(DOK1) |
| 了解 | 水平2:理解 | 技能与概念(DOK2) |
| 应用 | 水平3:分析 | 策略思考/复杂推理(DOK3) |
| 分析 | 水平4:知识运用 | 深度思考/推理(DOK4) |
| 评价 | 水平5:元认知 | |
| 创造 | 水平6:自我系统思考 | |

---

① 注:有关进一步了解的信息可参考:1.L'W·安德森等编.学习、教学和评估的分类学:布鲁姆目标分类学修订版[M].皮连生主译.上海:华东师范大学出版社,2008;2.黎加厚.新教育目标分类学概论[M].上海:上海教育出版社,2010;3.诺曼·韦伯,张雨强.判断评价与课程标准一致性的若干问题[J].比较教育研究,2011(12):83-89.

附录

# C5　制定评价的样本方案

**指导说明**

提醒团队成员，共同形成性评价的目的是向团队提供数据，告诉他们哪些学生已经掌握或尚未掌握被评价的每一学习目标。评价需足够简短和容易评分，以便团队快速对结果做出反馈。

团队将会回应那些在掌握某一特定学习目标时需要额外时间和支持的学生，那些可能会受益于额外实践的学生，以及那些可能受益于充实和拓展机会的学生。

**所需的材料**

- 解构标准的结构图
- 评价计划模板

**设计过程**

第一步：决定评价什么

考虑你在解构过程中发现的所有学习目标，它们将被用于这一部分的单元教学。决定要评价哪些目标。记住，不必评价每个学习目标。

思考：

1. 哪些目标最有可能给某些学生带来困难？
2. 哪些目标是最重要的，哪些先备技能是影响本单元后续学习的？
3. 哪些目标是学生绝对有必要了解的？

第二步：决定如何评价

确保团队成员对掌握每一学习目标的预期思维水平达成一致意见。选择最合适每一学习目标的评价方法：客观题、主观题或表现性评价。确保你所选的评价类型适合评价你预想的思维水平。

第三步：制定评价计划

填写评价计划。决定用什么题型和多大题量来评价学生对每一目标的掌握情况。考虑评价进行的时间和教师评分的时间。

第四步：确定时间表

确定进行评价的日期或时间范围,以及下次讨论结果的会议日期。记住,在确定讨论数据的会议日期之前要考虑评分的时间。

第五步:编写评价

在编写评价时,使用题目编写质量手册。

第六步:在实施前复查评价

检查评价,确保其方向清晰,且学生能够了解你在评价期间对他们的预期。

第七步:设定熟练标准并决定如何收集数据

为各熟练程度确定对应分数,以便收集反馈学习目标和学生情况的数据。

## C6 进度指南模板

| (系列)课程: | | 计划小组: | |
|---|---|---|---|
| 周 | 天 | 能力标准关注点<br>(表述技能或概念) | 材料和课程 |
| 1 | 星期一 | | |
| | 星期二 | | |
| | 星期三 | | |
| | 星期四 | | |
| | 星期五 | | |
| 2 | 星期一 | | |
| | 星期二 | | |
| | 星期三 | | |
| | 星期四 | | |
| | 星期五 | | |
| 3 | 星期一 | | |
| | 星期二 | | |
| | 星期三 | | |
| | 星期四 | | |
| | 星期五 | | |
| 4 | 星期一 | | |

续表

| 周 | 天 | 能力标准关注点（表述技能或概念） | 材料和课程 |
|---|---|---|---|
| | 星期二 | | |
| | 星期三 | | |
| | 星期四 | | |
| | 星期五 | | |

## C7 逆向单元设计模板

1. 我们将在这一单元达成哪些课程标准？

a. 方便学生使用的课程标准版本可在教学时参考("我能够……")：

b. 本单元的大观念：

c. 指导学习的主要问题：

2. 本单元解构的知识和技能以及对应的形成性和总结性评价是什么？

| a. 学生将知道……（哪些概念和词汇支持这一标准？） | 形成性措施（我们将如何监测学生掌握这些概念和技能的进展？） | 总结性措施（我们将采用什么最终方法来确定学生掌握这一概念的总体成绩？） |
|---|---|---|
| | | |
| | | |
| 词汇： | | |

续表

| b. 学生将能够…… (作为标准的一部分,学生应该能够做到哪些事情?) | 形成性措施 (我们将如何监测学生在掌握这些技能上的进展?是否可以为学生提供相关参考标准?) | 总结性措施 (我们将采用什么样的最终方法来确定学生掌握这项技能的总体成绩?) |
|---|---|---|
| | | |
| | | |
| | | |

3. 实施教学和监测学习的顺序计划是什么?

| 日期 | 课程和活动 | 嵌入式评价考察点 (形成性和总结性) |
|---|---|---|
| | | |
| | | |
| | | |
| | | |
| | | |

## C8 数据团队会议模板

团队:

评价说明

| 评价目标 | 评价类型 | 学习水平预期 |
|---|---|---|
| | | |
| | | |
| | | |

目标 1

|  | 未达到学习水平的学生数量 | 达到学习水平的学生数量 | 超出学习水平的学生数量 |
|---|---|---|---|
| 教师1 |  |  |  |
| 教师2 |  |  |  |
| 教师3 |  |  |  |
| 教师4 |  |  |  |

目标2

|  | 未达到学习水平的学生数量 | 达到学习水平的学生数量 | 超出学习水平的学生数量 |
|---|---|---|---|
| 教师1 |  |  |  |
| 教师2 |  |  |  |
| 教师3 |  |  |  |
| 教师4 |  |  |  |

目标3

|  | 未达到学习水平的学生数量 | 达到学习水平的学生数量 | 超出学习水平的学生数量 |
|---|---|---|---|
| 教师1 |  |  |  |
| 教师2 |  |  |  |
| 教师3 |  |  |  |
| 教师4 |  |  |  |

哪些学生需要更多的时间和支持？

目标1

|  | 需要干预、时间或充实的学生 | 计划的教学策略 |
|---|---|---|
| 额外的时间和支持 |  |  |
| 额外的实践 |  |  |
| 充实 |  |  |

目标 2

| | 需要干预、时间或充实的学生 | 计划的教学策略 |
| --- | --- | --- |
| 额外的时间和支持 | | |
| 额外的实践 | | |
| 充实 | | |

目标 3

| | 需要干预、时间或充实的学生 | 计划的教学策略 |
| --- | --- | --- |
| 额外的时间和支持 | | |
| 额外的实践 | | |
| 充实 | | |

哪些问题需要复查?

| 问题编号 | 关 注 |
| --- | --- |
| | |
| | |
| | |
| | |

哪些教学策略或进度问题需要被讨论?

| 策略或话题 | 关注的问题 |
| --- | --- |
| | |
| | |
| | |
| | |

附 录

## C9　数据团队会议协议

每位教师都带着他或她自己的数据资料参加会议。这些数据反映学习目标和学生情况。

第一步：未达到、达到和超出学习水平的学生数量分别是多少？利用此信息来确定怎样重新给学生分组，以便给予他们合适的反馈。

第二步：有没有哪个老师的教学成绩明显优于其他老师？如果有的话，考虑在计划的干预中使用这位老师的教学策略。

第三步：找出那些尚未达到学习水平的学生。如果有可能的话，设想一下他们没有达到预期的可能原因。是不是技能不足？思维死板的学生是正在尝试学习一个抽象概念的吗？学生需要额外的词汇教学吗？

第四步：利用上述有关学生的假设，计划如何再授学习目标。决定如何对学生进行分组，使那些达到学习水平的学生得到进一步的充实，而那些没有达到学习水平的学生得到额外的时间和支持。

第五步：如果你没有任何新的策略可以用来再授学习目标，那就通过查阅最佳实践文献来学习新的教学策略。

第六步：确定哪些教师用什么策略来干预哪些学生。

第七步：计划在干预结束时如何重新评价学生。

## C10 短期循环

**计划**
- 确定能力标准。
- 解构标准。
- 单元评价设计。
- 制定单元短期的合理目标。
- 编写评价。

**执行**
- 预先评价学生。
- 确定和使用源自最佳实践的教学策略。
- 实施共同形成性评价。

**研究**
- 协同检查每一评价的结果。
- 寻找所使用的教学策略的优缺点。
- 计划如何回应那些博学的或需要充实的学生。

**处理**
- 为需要的学生提供额外的时间和支持或充实的机会。
- 使用额外的形成性评价监测结果。

## C11 　长期循环

计划
- 分析总结性和纵向数据。
- 分析最紧迫的需求（GAN）。
- 制定一个团队的合理目标。
- 制定一个涉及所有团队成员的行动计划。

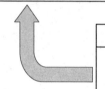

处理
- 不要等到年底才改变你的行动计划。
- 如果你在年底之前实现了你的目标，那么就再选择一个新的目标。
- 一路庆祝成功，这样你就有动力继续下去。
- 作为一个团队，要对自己的学习持开放态度；不要犹豫，要仔细查阅最佳实践文献。

执行
- 实施行动计划。
- 检查团队会议时间和共同形成性评价反馈时间的问题。
- 确定你将如何收集和分析数据。
- 思考如何保存你的工作记录。

研究
- 收集全年的数据以监测你的结果。
- 回顾你的合理目标，确保正在实施你的行动计划。

# C12 思考框架

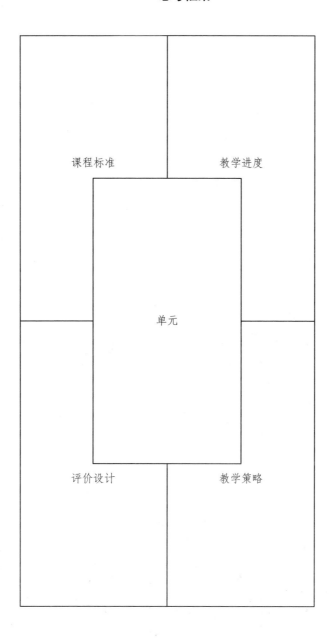